Régis Volle

LE LIBRE-ARBITRE

Régis Volle

LE LIBRE-ARBITRE

© 2024, Régis Volle
ISBN : 978-2-3225-5717-2 - Dépôt légal : septembre 2024

Édition : BoD • Books on Demand GmbH, In de Tarpen 42,
22848 Norderstedt (Allemagne)
Impression : Libri Plureos GmbH, Friedensallee 273, 22763 Hamburg (Allemagne)

Le code de la propriété intellectuelle interdit les copies ou reproductions destinées à une utilisation collective. Toute représentation ou reproduction intégrale ou partielle faite par quelque procédé que ce soit, sans le consentement de l'auteur ou de ses ayants droit ou ayants cause, est illicite. Et, constitue une contre façon sanctionnée par les articles : L 335-2 et suivants, du Code de la propriété intellectuelle.

Sommaire

Chapitre 1 9
Chapitre 2 La Théologie 21
Chapitre 3 35
Chapitre 4 Les Sciences Physiques 51
Chapitre 5 65
Chapitre 6 La Philosophie 69
Chapitre 7 La Sociologie 85
Chapitre 8 La Psychologie 89
Chapitre 9 Les courants de pensée 101
Chapitre 10 115
Chapitre 11 129
Chapitre 12 141
Chapitre 13 163
Chapitre 14 185
Chapitre 15 207
Chapitre 16 219
Chapitre 17 235
Chapitre 18 245
L'auteur 253

Chapitre 1

Dans l'ensemble, la retraite convenait bien à John. Il n'avait pas de problèmes d'argent et sa santé ne l'ennuyait pas, enfin, pour l'instant, mais il était conscient que cela n'allait pas durer. D'ailleurs, son ami d'enfance venait de tirer sa révérence et, malheureusement pour lui, il n'avait pas eu la chance de passer vite et bien. Putain de cancer... non, pas putain, car une putain, ça se paie contre bons soins et ça s'en va. Alors que Robert, il avait payé cher, très cher, et le cancer n'était pas parti. En fin de compte, c'était lui qui, après six mois de lutte acharnée, avait jeté l'éponge. Et pourtant, le moins que l'on puisse dire, est que c'était un battant, un vrai.

Ils étaient très proches, comme le deviennent des gamins qui se rencontrent à l'âge de huit ans et qui s'apprivoisent immédiatement.

C'était à cette époque que ses parents s'étaient installés à New Haven. Pourquoi cette ville ? Il se souvient leur avoir demandé, mais leur réponse l'avait laissé sur sa faim, car il n'y avait aucune autre raison que celle d'y avoir trouvé de bons boulots. Allaient-ils ranger leurs sacs à dos définitivement ? Ils ne le savaient pas, en réalité, il croit qu'ils ne se posaient pas ce genre de questions.

Ils étaient venus de France pour vivre le rêve américain. Attirés par les récits des voyageurs comme le sont les papillons par le nectar des fleurs, ils cherchaient leur Eldorado. Le temps passa. D'une côte à l'autre du continent, des grands lacs au bayou, les routes se succédaient... Un jour de printemps, ils décidèrent de se poser à New Haven avec bagages et mouflet. Depuis, ils ne bougent plus de ce qui est leur première et certainement leur dernière résidence américaine.

Une fois par an, ses grands-parents faisaient le trajet Lyon/New Haven. Contrairement à ses parents, qui étaient du genre « *Roule ma poule ! La vie est belle !* », ses aïeux paternels vivaient une autre histoire, comme le font deux caractères bien trempés qui, naturellement, se sont trouvés.

Une prof de math et un ingénieur des mines ! À se tordre de rire lorsque la discussion s'emballait sur un détail de calcul particulier. Ils pouvaient camper chacun sur leur position durant plus d'une semaine. Présenter une démonstration cohérente s'imposait avant toute autre chose, même dans les situations les plus inattendues ! Et que cela gêne les personnes qui les côtoyaient ne les effleurait pas une seconde. John se souvient d'un échange endiablé dont les paroles ne suffisaient plus pour convaincre « l'autre pénible », comme ils s'appelaient ! Sans hésiter, grand-mère ouvrit la porte des toilettes où elle se trouvait et grand-père, armé d'une chaise, s'installa face à elle, les brouillons sur lesquels il avait griffonné ses formules sur ses genoux. Inutile de vous dire qu'à partir de cet instant, plus aucun évènement ne pouvait les déranger, même la libération naturelle et malodorante de madame.

Ils sont morts l'année des trente ans de John, lui en janvier, des suites d'un accident de voiture, et elle trois mois plus tard, à la raison qu'il n'y en avait plus pour qu'elle reste. Amusant cette appellation, « accident de voiture », en réalité, avec ses potes de l'école « d'Ing », ils avaient l'habitude de fêter les premiers gros coups de gel en faisant une compétition. Le gagnant était celui qui effectuait les figures les plus inattendues avec une vieille R8 Gordini amoureusement entretenue. Ce jour-là, du haut de ses quatre-vingts ans, grand-père remporta haut la main le premier prix. Après avoir percuté un luminaire qui se trouvait bizarrement planté en plein milieu du parking de l'hypermarché, transformé pour l'occasion en piste d'essai, il partit en toupie, rebondit contre l'abri des chariots roulants, fit deux tonneaux et plongea dans le fossé d'un ancien ru, bien chargé pour la saison. Il mourut quelques heures plus tard, à l'hôpital, après que ses complices lui eurent remis le trophée, une bonne bouteille de Condrieu.

Est-ce que la mort de Robert fut la raison pour laquelle John quitta New Haven et vint s'installer à New York ? Non, pas vraiment, mais il était certain que cet évènement cancéreux avait eu une incidence sur son calendrier. En réalité, le pourquoi de ce choix était très banal. Comme souvent, ce sont les évènements de l'existence qui décident à notre place.

Il y a une vingtaine d'années, lors d'un voyage professionnel à New York (un congrès de psy), Elena et John étaient tombés amoureux de Soho. En sortant des gratte-ciel, se trouver directement au sein d'un village typiquement français, comme le disait sa femme, non seulement ce n'était pas courant, architecturalement parlant, mais d'une rue à l'autre, l'organisation de la vie était radicalement différente elle aussi. Le ressenti les séduisit tant qu'ils voulaient, eux aussi, expérimenter cette particularité.

En ricanant, vous allez penser qu'à New York cela n'a rien d'extraordinaire... certes, mais contrairement aux quartiers spécifiques comme Chinatown ou Little Italy, dès que vous faites le premier pas dans Soho, le stress disparait. Un peu comme s'il restait bloqué à une espèce de frontière. Ce qui doit d'ailleurs être le cas, puisqu'à l'instant où vous quittez cet Eden, le pénible de service est à nouveau là, bien présent, prêt à vous envahir à nouveau. Depuis quelques mois, ils résident enfin à Soho, et franchement, ils en sont très heureux.

De la bande de médecins, dont John fait partie, il est le seul à être venu se retraiter au sein de cette mégalopole que certains qualifient de monstrueuse. D'ailleurs, ce sont les mêmes qui avancent une explication très discutable à cette soi-disant particularité qui semble le commander.

Bon, il n'est pas dupe, elle a pour but de le faire grimper aux rideaux, ce qui, bien sûr, ne fonctionne plus depuis belle lurette.

La fameuse raison viendrait de l'expérience de Milgram à laquelle il a participé en 1962, et qui, d'après eux, lui aurait laissé des séquelles !

Il avoue ! Il est d'accord avec eux sur un point, elle lui en a bien laissé une, mais pas celle à laquelle ils pensent. Elle lui a ouvert l'esprit et la conscience… une vraie fracture du crâne !

Peut-être qu'à cette époque-là, le jeune étudiant plein d'entrain qu'il était ne s'intéressait pas suffisamment aux modes de fonctionnement des êtres humains ! Peut-être qu'il était trop enfermé, trop concentré sur ses études de médecine pour observer le monde ! Toujours est-il qu'il n'a jamais regretté d'y avoir participé, et encore moins que cela, puisqu'elle a été à l'origine de sa réorientation professionnelle.

Il s'agissait d'une expérience réalisée par le psychologue Stanley Milgram. D'ailleurs, très rapidement, elle ne fut plus citée que comme *l'expérience Milgram*. Celle-ci avait pour objectif d'évaluer le degré d'obéissance d'un habitant des États-Unis, du début des années 1960, devant une autorité qu'il jugeait légitime. Cela devait permettre d'analyser le processus de soumission à la tutelle, notamment quand elle induisait des actions posant des problèmes de conscience au sujet.

L'expérience se déroula de 1960 à 1963 dans les locaux de l'université de Yale (New Haven-Connecticut). L'équipe du professeur Milgram avait fait paraître des annonces dans un journal local, ce qui bien sûr était une action volontaire de façon à n'attirer que les personnes résidantes sur ce périmètre. Celles-ci proposaient de recruter des novices pour intervenir dans une expérience sur l'apprentissage et, plus précisément, pour participer à une étude scientifique sur l'efficacité de la punition sur la mémorisation.

La coopération durait une heure et était rémunérée 4 dollars, plus 50 cents pour les frais de déplacement. À l'époque, au vu du revenu mensuel moyen qui était de 100 dollars, cela représentait une somme non négligeable.

Comme il ne disposait d'aucun autre moyen financier que la bourse qui lui était allouée, il fut immédiatement alléché. Qui plus est, l'idée de participer à une expérience officielle l'attirait au moins autant que la somme, de plus le sujet annoncé l'intriguait aussi... en bref, tout était là pour que, sans hésiter, il pose sa candidature. C'est ce qu'il fit et deux jours plus tard, il reçut son acceptation avec convocation pour dans deux mois. En effet, l'âge minimum requis était d'avoir 20 ans, ce qui allait être son cas à la date fixée.

Ce qu'il ne savait pas, comme les autres participants, c'était qu'ils n'allaient pas seulement participer, mais être les sujets de l'expérience.

Le jour demandé, à l'heure précise, il se présenta à l'accueil du centre d'expérimentation.

Il fut reçu par Stanley Milgram en personne qui, une fois passées les formules de politesse, lui donna les explications nécessaires au bon déroulement de l'épreuve.

La scène était composée de trois personnes : un élève, un enseignant et un expérimentateur, représentant l'autorité. Chaque sujet participait à un tirage au sort qui était censé lui attribuer le rôle d'élève ou d'enseignant, mais comme il l'apprit plus tard, le tirage était truqué et les volontaires se retrouvaient toujours être l'enseignant. L'élève et l'expérimentateur étaient eux, des comédiens. Voici comment se déroulait l'expérience :

L'enseignant, que nous nommerons par facilité *enseignant sujet d'expérience*, était installé à un bureau sur lequel se trouvaient une liste de mots et une série de manettes. L'élève était assis sur une pseudo chaise électrique qui était située juste derrière un claustra et l'expérimentateur était à proximité de *l'enseignant sujet d'expérience*. *L'enseignant sujet d'expérience* devait lire la liste de mots à l'élève qui devait les mémoriser et les restituer. S'il commettait une erreur, *l'enseignant sujet d'expérience* devait lui infliger une punition sous la forme d'une décharge électrique dont le niveau augmentait proportionnellement au nombre d'erreurs.

Afin que l'*enseignant sujet d'expérience* se sente conscient de ce qu'il allait faire subir à l'élève, on le soumettait à la tension électrique la plus basse, 45 volts. Il en ressentait les picotements, mais pas encore de douleur. Par la suite, aucune tension ne serait appliquée, mais ça, il ne le savait pas.

Bien sûr, dans l'exercice de restitution des mots, l'élève se trompait et l'*enseignant sujet d'expérience* devait lui infliger la punition. Comme l'élève se trompait régulièrement, à chaque fois, la fausse tension appliquée était plus forte.

Les réactions aux décharges électriques étaient, elles aussi, totalement simulées par l'élève. Les souffrances artificielles étaient qu'à partir de 75 V, il gémissait ; à 120 V, il se plaignait à l'expérimentateur qu'il souffrait ; à 135 V, il hurlait ; à 150 V, il suppliait d'être libéré ; à 270 V, il lançait un cri violent ; à 300 V, il annonçait qu'il ne répondrait plus.

Lorsque l'élève ne répondait plus, l'expérimentateur indiquait qu'une absence de réponse équivalait à une erreur.

Au stade de 150 volts, la majorité des *enseignants sujets d'expérience* manifestait des doutes et interrogeait l'expérimentateur. Celui-ci était chargé de les rassurer en leur affirmant qu'ils ne seraient pas tenus pour responsables des conséquences. Si un sujet hésitait, l'expérimentateur avait pour consigne de lui demander d'agir. S'il exprimait le désir d'arrêter l'expérience, l'expérimentateur lui adressait, dans l'ordre, les réponses suivantes : « Veuillez continuer s'il vous plaît », « L'expérience exige que vous continuiez », « Il est absolument indispensable que vous continuiez », « Vous n'avez pas le choix, vous devez continuer. » Si l'*enseignant sujet d'expérience* souhaitait toujours s'arrêter après ces quatre interventions, l'expérience était interrompue. Dans le cas contraire, elle prenait fin lorsque l'*enseignant sujet d'expérience* avait administré trois décharges maximales (450 volts) à l'aide des manettes intitulées : « XXX », situées à côté de celle faisant mention « Attention, décharge dangereuse ».

À l'issue de chaque expérience, un questionnaire et un entretien avec le sujet d'expérience, *l'enseignant*, permettaient de recueillir ses sentiments et les explications qu'il donnait pour justifier son comportement. Lors de l'entretien, il lui était révélé la vérité et, notamment, qu'il n'avait infligé aucune décharge électrique à l'élève comédien. Les comédiens lui étaient présentés, sourires aux lèvres, et il lui était clairement indiqué que son comportement était tout à fait normal.

Un an plus tard, il recevait un questionnaire à remplir sur ce qu'il pensait de l'expérience, accompagné d'un compte rendu détaillé des résultats de celle-ci.

En ce qui concernait John, dès 120 volts, c'est-à-dire quand l'élève se plaignait à l'expérimentateur qu'il souffrait, et malgré l'insistance de l'expérimentateur, il refusa de continuer à lui administrer d'autres décharges électriques.

Une fois l'année passée, il reçut le questionnaire et le compte rendu détaillé sur lequel il plongeait sans attendre. Il le lut et le relut afin de ne rien laisser de côté. Cela lui permit d'apprendre que dans le but de mettre en évidence les éléments déclencheurs à l'obéissance, des variantes avaient été réalisées, dix-neuf au total : distance de séparation des acteurs, nombre d'expérimentateurs et modification de leurs ordres, cohérents ou contradictoires, et cetera.

Lors des premières expériences avant variantes, 62,5 % des sujets menèrent l'expérience à son terme en infligeant à trois reprises les prétendues décharges électriques de 450 volts. Tous les participants acceptèrent le principe annoncé et, finalement, après encouragement, une grande partie d'entre eux atteignirent les soi-disant 135 volts. La moyenne des prétendus chocs maximaux (niveaux auxquels s'arrêtèrent les sujets) fut de 360 volts. Toutefois, chaque participant s'était, à un moment ou un autre, interrompu au moins une fois pour questionner l'examinateur. Beaucoup présentaient des signes évidents de nervosité extrême et de réticence lors des derniers stades (protestations verbales, rires nerveux, et cetera).

L'année après la fin de l'expérience, les commentaires allaient bon train.

À cette époque, Milgram avait qualifié ces résultats « d'inattendus et inquiétants ». En effet, des enquêtes préalables menées auprès de trente-neuf médecins-psychiatres avaient établi une prévision d'un taux de sujets d'expérience envoyant 450 volts de l'ordre de 1/1000, avec pour la majorité une tendance maximale avoisinant les 150 volts.

Par la suite, au fil des ans, de nombreuses expériences similaires ou voisines furent reproduites, et toutes aboutirent aux mêmes résultats... enfin, toutes sauf une. En effet, en 1974, en Australie, les rôles étaient identiques, mais les genres n'étaient pas aléatoires. L'élève était toujours une femme et *l'enseignant sujet d'expérience* toujours un homme. Dans cette situation, le taux d'obéissance était tombé à 28 % !

Une des conclusions avancées concernant l'ensemble de l'expérience était : « l'obéissance est un comportement inhérent à la vie en société, et l'intégration d'un individu dans une hiérarchie implique que son fonctionnement propre en soit modifié ; l'être humain passe alors du mode autonome en mode systématique où il devient *agent de l'autorité.* »

Chez le sujet mis en situation d'obéissance (sujet agentique), la syntonisation et la perte du sens de la responsabilité étaient mises en évidence.

Les conditions qui favorisaient l'obéissance se trouvaient être, en général, dans le cercle familial et étaient renforcées par la conviction que la cause était juste et légitime.

Celles qui maintenaient le sujet en état d'obéissance se situaient dans les réactions du corps humain, principalement dans l'anxiété, ce qui lui permettait d'extérioriser son émotion, et ainsi d'afficher qu'il était en désaccord avec l'autorité, mais tout en poursuivant son action, tout en obéissant aux ordres.

Bien sûr, ces explications avaient rapidement été attribuées à un grand nombre d'autres ignominies, dont les cas retracés lors du procès de Nuremberg : fonctionnaires allemands qui, peut-être pas sans hésiter, avaient tout de même fait en sorte que la monstrueuse *Solution Finale* soit une réalité.

Si pour Milgram ces résultats étaient « inattendus et inquiétants », pour John, ils étaient « effrayants ». C'est à ce moment-là qu'il s'est reposé la question de la bonne orientation de ses études. En effet, était-il judicieux qu'il poursuive médecine, dont le but évident était de soigner sans distinction tous les êtres humains, alors qu'une grosse majorité d'entre eux était capable de réaliser des atrocités ? Cette question, il se l'était déjà posée avant de choisir cette orientation, mais à cette époque-là, il s'était basé sur les estimations que leur fournissaient les psychiatres, soit 1/1000 capable d'abominations, ce qui lui avait semblé acceptable.

À la suite de cette expérience, une multitude de questions de différentes natures titillèrent ses réflexions psychologiques, philosophiques, scientifiques, sociologiques, et bien sûr théologiques. En effet, il n'oubliait pas que près de 85 % des êtres humains se disaient croyants, qu'ils se disaient adorateurs d'un ou de plusieurs dieux, dont une grosse partie prêchait la non-violence. La plus connue de leurs lois étant : « Tu ne tueras point ». Mais dans le même temps, alors que la paix régnait sur leur sol, plus de 60 % de ces « braves gens » étaient capables d'appliquer un supplice électrique, réellement dangereux pour la vie du sujet, en obéissant tel un robot à un ordre qui mériterait au minimum réflexion avant d'être exécuté, à la raison que le fameux sujet avait un défaut de mémoire !

Rapidement, il décidait de poursuivre ses études de médecine, certes, mais plus avec l'objectif de devenir chirurgien... il allait plonger dans les fondamentaux qui font que l'être humain est ce qu'il est. Comprendre ce que l'être humain a dans la tête, alors que sa première attirance était de l'ouvrir pour réparer les dégâts ! Décidément, même indirectement, ce sont les dérèglements invisibles qui toujours imposent leur loi. Ses collègues n'avaient pas fini de se foutre de sa gueule. Il les entendait déjà : « l'expérience de Milgram a laissé un grain de folie dans la trombine à John ! »

En attendant de se promener avec un entonnoir sur la tête, il chercha les domaines les plus pertinents pour mettre en évidence les pensées, les dérives et les disharmonies mentales de celui que nous nommons avec grandeur « l'être humain ». Et comme il avait la chance d'avoir la double nationalité, il allait pouvoir élargir son champ d'action aux deux pays.

Bien sûr, comme tout le monde ou presque, lorsqu'une idée lui chatouillait le cerveau, il lui était impossible de s'en libérer quelques instants en la posant sur le bord du chemin pour la reprendre un peu plus tard. Aussi, après moult recherches et réflexions, il inscrivait sur une feuille de brouillon les domaines qui lui semblaient être les plus pertinents à explorer avant de prendre sa décision finale :

- La théologie
- Les sciences physiques
- La philosophie
- La sociologie
- La psychologie.

Voici le résultat de ses premières analyses, qui, il n'en doutait pas, seraient considérées par certains comme des élucubrations.

« Effectuer des actions ou prendre des décisions : sommes-nous en situation de les réaliser en pleine conscience ?

Ne brûlons pas les étapes, partons des origines : quelles sont les définitions de la *conscience* ?

"La conscience est la capacité de se percevoir, de s'identifier, de penser et de se comporter de manière adaptée. Elle est ce que l'on sent et ce que l'on sait de soi, d'autrui et du monde. En ce sens, elle englobe l'appréhension subjective de nos expériences, et la perception objective de la réalité. Par elle nous est donnée la capacité d'agir sur nous-même pour nous transformer."

Mais c'est aussi :

- La faculté qui nous pousse à porter un jugement de valeur sur ses propres actes.
- La fonction de synthèse qui permet à un sujet d'analyser son expérience actuelle en fonction de la structure de sa personnalité, et de se projeter dans l'avenir.
- La notion du sens du devoir.
- La notion du soin scrupuleux.
- Le siège des sentiments personnels, des pensées les plus intimes.

Toutes ces clarifications nous montrent bien que la *conscience* est un des mots les plus difficiles à définir, et dans ce domaine, sans hésitation, je le mets dans le même panier que *l'intelligence*.

L'envie de plonger sur l'intelligence était attirante, mais il ne fallait pas se disperser et, pour l'instant, chercher à définir, au plus près de la réalité, cette fameuse conscience.

Dans notre relation avec elle, c'est notre tendance naturelle à nous auto définir sans faire preuve d'un réel discernement qui pêche prioritairement.

Je ne résiste pas à citer Auguste Comte qui assurait que : "personne ne peut se mettre à la fenêtre pour se regarder passer dans la rue". Voilà, qui résume bien toute la difficulté qui s'impose à nous dans cette réflexion.

Être conscient est un acte fort et puissant, mais n'oublions pas, et n'occultons pas non plus, que ce n'est qu'un sentiment, voire une sensation, et qu'en conséquence ce n'est qu'un phénomène mental variable selon une multitude de critères.

Voilà qui nous éloigne de plus en plus d'une vérité, d'une certitude et finalement, de ce que nous aimerions être la réalité... d'où la nécessité de nous rattacher, le plus rationnellement possible, à la fameuse *perception objective de la réalité* qui viendra compléter *l'appréhension subjective de nos expériences.*

Voilà qui renforce aussi, s'il était utile de le préciser, le besoin d'associer à nos hypothèses théoriques les travaux pratiques que sont les réalisations d'actes extrêmes, en bien comme en mal. »

Chapitre 2
La Théologie

Pourquoi donner la priorité à la théologie ? Tout simplement parce que 85 % des êtres humains se disent croyants et que cette très importante majorité aura nécessairement des répercussions sur les autres sciences.

Catholique de naissance, comme ses parents et ses grands-parents, il reconnaissait sans honte que, jusqu'à ce jour, la foi en un dieu ne l'avait pas perturbé plus que ça. Pour être encore plus honnête avec lui-même, après quelques séances de catéchisme où la personne faisant fonction était incapable de répondre à ses questions, le « caté » ne l'avait plus intéressé. Il était croyant par effet de clanisme, mais sans aucune conviction ni même réelle connaissance du sujet. Aussi, plonger dans la théologie nécessitait, pour lui, de lire très attentivement les livres sacrés de chacune des grandes religions.

Il commença par La Bible. Pourquoi elle avant les autres ? Tout simplement parce qu'il avait une à la maison. Il l'ouvrit et en tourna les pages, ce qu'il n'avait encore jamais fait. Il la lut deux fois. Une première assez rapidement pour en faire ressortir les idées dominantes, celles qui certainement restaient dans l'esprit de 80 % de ses lecteurs ; puis une deuxième fois, avec plus d'attention, afin de la décortiquer. Ensuite, il fit de même avec le Coran, puis la Torah, le Tao Te Ching, le Veda et enfin avec les textes dits explicatifs : *Somme théologique* de Thomas d'Aquin, *L'interprétation du Coran* par Aboul Fida Ismail Ben Kathir, *Le Traité des huit chapitres* et *Le Livre des égarés* de Maïmonide, *La Bhagavad-Gita* de Maharishi Mahesh Yogi.

Une fois tous ces textes lus, et pour certains, sans avoir la certitude de les avoir bien compris, sans être devenu un expert, il se sentait quand même capable de se faire une opinion plus précise, et surtout plus juste, sur les religions et ce, sans plus tenir compte des on-dit et autres propos du genre « *Bruits de couloirs* ».

Pour lever toutes ambiguïtés et interprétations hasardeuses, aucune de ces religions ne l'avait convaincu ni même allicié, et encore moins persuadé que l'existence d'un dieu était réelle. Pour autant, il reconnaissait qu'elles avaient toutes un minimum de bon qui, une fois judicieusement mis en valeur, pouvait irrésistiblement attirer les indécis et les chahuter par les choses de la vie.

Dans ces textes, il trouva une petite phrase qui allait le marquer profondément. Elle était de Thomas d'Aquin (*Somme théologique*, et notamment *théologie de la création*) et, plus précisément, elle était issue de la hiérarchie augustinienne. La voici :

« Si vous ne croyez pas, vous ne comprendrez pas ».

Fort d'une telle affirmation, il faillit réduire ses recherches dans l'instant en un : « Tout est dit ! » Mais comme il est un grand curieux, il les poursuivit tout en la conservant précieusement dans un coin de sa tête.

Qui était ce fameux Thomas d'Aquin ?

« *Religieux de l'ordre dominicain, il est célèbre pour son œuvre théologique et philosophique.*

Considéré comme l'un des principaux maîtres de la philosophie scolastique et de la théologie catholique, il a été canonisé le 18 juillet 1323 par Jean XXII, puis proclamé docteur de l'Église par Pie V en 1567, et patron des universités, écoles et académies catholiques par Léon XIII en 1880. Il est aussi qualifié du titre de : "Docteur angélique" (Doctor angelicus). Son corps est conservé sous le maître-autel de l'église de l'ancien couvent des Dominicains de Toulouse.

De son nom dérivent les termes :

– *"Thomisme"* : *qui concerne l'école ou le courant philosophico-théologique qui se réclame de Thomas d'Aquin et en développe les principes au-delà de la lettre de son expression historique initiale ;*

– *"Néothomisme" : un courant de pensée philosophico-théologique de type thomiste, développé à partir du XIXe siècle pour répondre aux objections posées au christianisme catholique par la modernité ;*

– *"Thomasien" : ce qui relève de la pensée de Thomas d'Aquin lui-même, indépendamment des développements historiques induits par sa réception.*

En 1879, le pape Léon XIII, dans l'encyclique Æterni Patris, a déclaré que les écrits de Thomas d'Aquin exprimaient adéquatement la doctrine de l'Église. Le concile Vatican II (décret Optatam Totius sur la formation des prêtres, n° 16) propose l'interprétation authentique de l'enseignement des papes sur le thomisme en demandant que la formation théologique des prêtres se fasse "avec Thomas d'Aquin pour maître".

Thomas d'Aquin a proposé, au XIIIe siècle, une œuvre théologique qui repose, par certains aspects, sur un essai de synthèse de la raison et de la foi, notamment lorsqu'il tente de concilier la pensée chrétienne et la philosophie d'Aristote, redécouvertes par les scolastiques à la suite des traductions latines du XXI^{le} siècle.

Il distingue les vérités accessibles à la seule raison, de celles de la foi, définies comme une adhésion inconditionnelle à la Parole de Dieu. **Il qualifie la philosophie de servante de la théologie (philosophia ancilla theologiæ), afin d'exprimer comment les deux disciplines collaborent de manière subalterne à la recherche de la connaissance de la vérité, chemin vers la béatitude.** »

Concernant la philosophie scolastique, il semble qu'au Moyen Âge, seuls les clercs autorisés avaient la scholè, c'est-à-dire le loisir d'étudier l'immatériel. Aussi, sans vergogne, ils laissaient aux subalternes la charge des choses matérielles. Leurs études étaient essentiellement concentrées d'une part sur la Bible (la révélation) et l'enseignement de l'Église, d'autre part, sur la philosophie grecque et surtout Aristote (la raison) et les péripatéticiens.

La tentative de réconciliation entre les méthodes d'argumentation aristotélicienne et la foi chrétienne fit un grand pas en avant lorsqu'elle fut guidée par les études de Thomas d'Aquin.

La réconciliation avec la *philosophie première* était présentée dans son ouvrage intitulé « *La Somme théologique* » dont l'objectif était de mieux comprendre la foi chrétienne par l'éclairage de la raison propre à la philosophie antique.

Nous pouvons penser que cette tentative était un tantinet illusoire, mais d'Aquin précisait bien que : « *la philosophie étant en recherche permanente de la vérité, elle ne présentait aucun danger pour cette religion puisque celle-ci "est" la vérité… donc, elle ne pouvait qu'y conduire.* » Ainsi, par cette **affirmation**, la raison se trouvait être mise au service de la révélation.

En France, l'enseignement de la scolastique perdura jusqu'en septembre 1793, date à laquelle les universités furent supprimées par La Révolution. Mais au fil du temps, la scolastique sera toujours présente et, aujourd'hui, elle l'est encore avec la bénédiction de la sagesse de saint Thomas d'Aquin par la foi catholique (Benoit XVI le déclarait le 28 janvier 2007) ».

Alors qu'il avait une forte envie de plonger dans les analyses, les critiques ou les jugements sur les religions, il se fit la remarque que toutes ont un élément récurrent commun. D'ailleurs, elles y font très souvent référence, elles s'en servent aussi et s'égratignent même à cause de lui… il s'agit du libre-arbitre.

« Je sais, ma manière de l'écrire n'est pas conventionnelle, mais nous parlons bien de deux éléments indissociables, qui, séparés, ne correspondent plus à la définition qui nous intéresse : **"Faculté de penser et décider soi-même, librement, indépendamment de toutes contraintes et influences extérieures."**

Voilà qui est passionnant... mais avant de nous vautrer dans ces fameuses contraintes, plongeons dans le libre-arbitre cher à nos religions.

Que ce soit le christianisme (catholicisme, protestantisme, orthodoxie, avec toutes les tendances et particularités de chacune de ces églises), l'islamisme, le taoïsme, l'hindouisme, et cetera, **Toutes** considèrent que leur dieu laisse le libre-arbitre à l'homme. Il est vrai qu'entre les différents textes, il existe des nuances, des restrictions et, finalement, beaucoup de discussions sur l'omniscience des dieux et la liberté de choix des humains. Prédétermination, grâce prévenante, partie de l'âme unie à dieu, acquisition, paradoxe situé au-delà de notre compréhension... toutes ces spécificités génèrent des débats, parfois violents. Elles changent d'avis aussi (de Luther à Érasme). Pour autant, en conclusion, il est toujours laissé à l'homme la possibilité, même partielle, d'user de ce fameux libre-arbitre.

Concrètement, pour la religion catholique, il est laissé à l'être humain la responsabilité de ses actes, mais, dans le même temps, ses péchés sont absouts par le curé s'ils sont "petits", et laissés à la décision de Dieu après la mort, s'ils sont "gros".

Effectivement : "Si vous ne croyez pas, vous ne comprendrez pas"... surtout cette contradiction fondamentale.

Il n'est pas faux d'écrire que pour le christianisme, la notion de libre-arbitre se rapproche plus de celle de "libre-arbitre de la volonté". Cette précision n'est pas neutre, car pour Augustin d'Hippone (saint Augustin) elle détermine l'origine de la responsabilité du mal. Concrètement, Dieu délègue la responsabilité du mal à l'homme (Traité *De libero arbitrio* de saint Augustin).

Maïmonide (surnommé "l'aigle de la synagogue" par Thomas d'Aquin) était un des piliers théologiques du Rationalisme. Il inspira fortement Thomas d'Aquin sur le besoin de se rapprocher d'Aristote et des péripatéticiens afin d'utiliser, et plus précisément **de se servir,** de leur

"Raison". Mais le cœur de l'admiration de Thomas pour *l'aigle de la synagogue* était sa notion de l'âme. Maïmonide pensait que la partie supérieure de l'âme de l'être humain était "libre", donc, qu'il pouvait penser sans contrainte.

Extrait du "Traité des huit chapitres" :

"Sache que l'âme de l'homme est une, mais que ses opérations sont nombreuses et diverses et que certaines d'entre elles sont parfois appelées âmes, ce qui peut faire croire que l'homme a plusieurs âmes, comme le croient, en effet, les médecins ; c'est ainsi que le plus illustre d'entre eux (Hippocrate) commence (son ouvrage) en disant que les âmes de l'homme sont au nombre de trois, l'âme naturelle, l'âme animale et l'âme spirituelle.

On les appelle aussi parfois facultés ou parties, de sorte que l'on dit les parties de l'âme.

Et ces appellations sont souvent employées par les philosophes ; cependant, en parlant de parties, ils n'entendent pas que l'âme puisse se diviser à la manière des corps, mais ils énumèrent seulement par-là ses actes divers, lesquels sont à l'égard de l'âme tout entière comme les parties à l'égard du tout."

Justifier le libre-arbitre donné par Dieu aux hommes était une constante pour lui.

Le premier argument qu'il avançait était : *"l'on ne peut pas comprendre Dieu"*.

Le deuxième était que *"les termes employés par Dieu et les hommes sont les mêmes, mais ils sont différents en substance"*.

Ainsi, le libre-arbitre n'avait pas le même sens pour Dieu que pour les hommes.

Dans *Le livre des égarés*, la justification est encore présente :

"La raison que Dieu a fait émaner sur l'homme, et qui constitue sa perfection finale, est celle qu'Adam possédait avant sa désobéissance, c'est pour elle qu'il a été dit de lui qu'il était (fait) 'à l'image de Dieu et à sa ressemblance', et c'est à cause d'elle que la parole lui fut adressée, et qu'il reçut des ordres, comme

dits (l'Écriture) : 'Et l'Éternel, Dieu ordonna, etc.' (Genèse 2:16), car on ne peut pas donner d'ordres aux animaux ni à celui qui n'a pas de raison."

Nous retrouvons systématiquement le besoin affirmé de sauver Dieu du mal. Dans la création de "Tout", donc du mal, il en reporte la responsabilité sur l'homme... là encore, cette évidence est présente chez les juifs comme chez les chrétiens.

La pensée, la raison, le libre-arbitre nous permettent d'accéder à la responsabilité, ce qui libère Dieu du mal si nous ne suivons pas les préceptes originaux qu'il nous a imposés.

Pour les adeptes du Fatalisme, les choses de la vie sont plus simples. Pour eux, les évènements sont prédéterminés. Ils sont inévitables et rien ni personne ne peut les empêcher de se dérouler tel qu'ils le font. Ainsi, les humains ne sont que les pantins de Dieu ou la nécessité naturelle, ce qui est censé être la même chose. Bien sûr, aucune notion d'aléa ne peut perturber la destinée de chacun.

Nous ne devons avoir aucun autre objectif que de réaliser ce que nous ressentons être bon pour Dieu, car à n'en pas douter, ce sentiment nous est imposé par lui et nous devons le satisfaire.

Pour les musulmans, la notion de Fatalisme est très claire. L'islam affirme la détermination inconditionnelle du devenir par la volonté de Dieu : "*L'heure de notre mort est inconditionnellement fixée par Dieu de sorte que nous mourons à l'heure dite, quoi que nous ayons fait, que nous soyons restés chez nous ou que nous ayons livré bataille. Notre sort est fixé indépendamment de nos efforts et de notre activité.*"

Pour Confucius : "*Tout dépend de la destinée.*"

Pour le Christianisme, le Protestantisme et le Jansénisme, ils s'approchent du Fatalisme. En effet, pour eux, il est impossible pour l'homme de rejeter la tentation du mal par ses propres capacités, seule la grâce divine peut l'en libérer ».

John réfléchissait à tout ça et ne parvenait pas à s'empêcher de se poser ces questions :

« Comment penser que ces convictions ne sont pas basées sur des illusions, alors que les preuves de l'existence des dieux de référence ne sont toujours pas constatées ?

Si nous nous sentons en envie ou en besoin de croire en la possibilité d'un monde imaginaire, que nous ne pourrons découvrir qu'après notre mort, monde auquel nous ne pourrons accéder qu'en nous faisant violence et en acceptant la vie tel qu'elle nous est imposée, il est certain que nous analyserons et penserons selon des principes de logiques hermétiques à tout autre. En effet l'objectif des gestionnaires de ces illusions n'est-il pas de maintenir notre esprit dans un système fermé, en nous mettant en garde contre... en nous faisant peur des conséquences que nous allons subir si nous regardons ou écoutons, tout simplement, ces fameux « autrement » ?

Ne sommes-nous pas dans la contrainte mentale, celle qui nous donne à penser qu'il est bon de... celle qui nous impose de penser que... celle qui s'est octroyé le droit de laisser à penser qu'elle est la seule soi-disant « bonne moralité » ?

La pire des contraintes, n'est-elle pas celle qui nous mène à penser que le réel libre-arbitre est néfaste, voire nuisible ? Mais la pire des pires, celle qui se positionne au-delà du réel, au-delà du possible, voire de l'imaginable, n'est-elle pas celle qui affirme avec pseudo preuve à l'appui que nous avons notre libre-arbitre, que le bienfaiteur nous l'a laissé de manière à ce nous soyons responsable de nos actes, alors que dans le même temps, il nous interdit de l'utiliser d'une autre manière que celle qu'il a définie comme étant la bonne, celle qui sera notre guide, le fil conducteur qui nous amènera à lui lorsque nous ne serons plus ? Quant à celui qui sortirait de ce chemin, n'en doutons pas, il serait plongé dans l'enfer et son feu éternel.

Concernant la guéguerre de l'interprétation des termes, selon s'ils sont prononcés par les humains ou leurs Dieux... avouez que celle-là, il fallait oser la faire ! Ainsi, les lois et préconisations dictées par les Dieux seraient incompréhensibles par les hommes : « *Les termes employés pour Dieu et les hommes sont les mêmes, mais ils sont différents en substance.* »

Si cela était vrai, quelle relation Hommes et Dieux pourraient-ils entretenir ? Comment savoir si tout ce que les hommes ont interprété est conforme aux soi-disant propos des dieux ?

Voici la question qui me vient immédiatement à l'esprit : quel est le besoin qui pousse l'être humain à faire fi de la réalité et à chercher à rendre ses illusions réelles ? N'est-ce pas ce qui fait qu'il est ce qu'il est et, pour être plus précis, que sa capacité de nuisance est si forte et son besoin si obscur qu'il pense devoir les mobiliser sans faire de distinction, compris envers lui-même ?

Ces questions étant posées, rappelons les objectifs de la croyance en un dieu :
– Le premier vise à respecter les principes établis par celui-ci.
– Le deuxième, fort d'avoir réalisé avec succès le premier, est d'accéder à la vie éternelle spirituelle. Celle qui a poussé l'adepte à faire le choix initial de croire.
Mais posons-nous la question. Ce choix primaire relevait-il de son libre-arbitre ?
Toutes les croyances ne sont-elles pas des choix de vie basés sur des réalités supposées, par définition non vérifiables ? La décision initiale de croire n'a-t-elle pas été prise sans avoir de certitude, n'a-t-elle pas été prise sur la base de la supposition qu'une certaine vie existe après la mort ?
Croire sans savoir est se construire une vie de supposition. Mais choisir de penser et vivre selon un principe défini par le ou les représentants de l'être déifié, réel ou pas, est-ce une décision prise en toute liberté et sans contrainte ? Si cela est le cas, ne sommes-nous en présence d'une conséquence de l'usage du libre-arbitre ?

Pour le savoir, tentons de répondre à ces questions :

Ne sommes-nous pas dans la sensibilité, et donc dans le besoin de se soumettre à une autorité ?

Ne sommes-nous pas dans la facilité, dans la recherche du soulagement, voire attirés par une certaine forme de logique qui découlerait d'une incompréhension salvatrice ?

Ne sommes-nous pas dans l'apaisement des besoins qui, par le principe de la transformation d'une supposition qui serait établie en règle de vie, pourrait devenir une réalité permettant de retrouver nos chers décédés dans une vie éternelle ou de perpétuer une tradition ou un clanisme ?

Comment penser que les raisons qui ont poussé le sujet à prendre cette décision, alors qu'il supposait le faire en libre-arbitre, l'ont été sans réelles contraintes ? Ne découlent-elles pas de pressions psychologiques, et plus précisément du besoin de soulagement de tensions psychologiques difficilement supportables ?

Nous avons tous des compulsions et sans relâche, nous cherchons tous les moyens de nous soulager du poids de celles-ci. S'enfermer dans l'illusion en est une. En effet, la supposition d'un bien-être après la mort apporte, aussitôt, l'agréable sensation que le néant n'existe pas. Seulement voilà, pour y accéder il faut se préparer... qu'importe, car voici venu ce dont nous avions besoin : une sensation de solution qui procure un apaisement immédiat.

Mais ce ne sont que des sensations et, comme nous l'avons vu précédemment, cet état n'est pas gratuit, il n'est pas sans conséquence... ce qui devrait pourtant être le cas si la notion de *Bon Dieu* était vraie !

Nous sommes en droit de vouloir constater ce que les textes, dits sacrés, affirment être vrais. Nous sommes en droit de vouloir prendre acte de la véracité de leurs hypothèses de notre vivant, alors qu'à ce jour rien ne peut l'être, même par les fidèles les plus intimes du dieu. Mais sur le fond, comment croire en une simple affirmation ?

La force des religions, hors celles basées sur la préservation de la nature, n'est-elle pas de structurer une organisation de la pensée autour d'un ou plusieurs dieux (mono ou polythéismes), et de la modeler selon un principe de causalité circulaire ? Si nous posons une question sur une de leurs affirmations, celle-ci trouve une réponse qui elle aussi est une affirmation, mais qui pour être complétée, nous envoie dans une autre partie du texte, qui lui aussi est une affirmation, et cetera. En fin de compte, lorsque nous mettons le doigt sur ce défaut de preuve et refusons de continuer à tourner les pages de ce texte sans fin, le retour qui nous en est fait peut être résumé ainsi : « Prouvez-moi que mon Dieu n'existe pas ! » alors que le prédicateur n'a pas fourni la preuve qu'il existe !

Voilà qui expliquerait pourquoi les religions, les politiques et les commerces s'entendent aussi bien ! Tout n'est-il pas structuré autour du principe de la quasi-illusion sous toutes ses formes ? Mais si c'est le cas, soyons certain que ce *quasi* aura une importance capitale et que le *toutes* sera toujours associé à une parcelle de vérité ou de *bon* derrière lequel le fond est caché : principe de *l'arbre qui cache la forêt*.

Rappelons-nous, il n'y a pas si longtemps que ça, les rois l'étaient de source divine ! Et selon un principe qui fonctionnait à merveille, ils affichaient au monde leur splendeur en imposant la construction de châteaux et palais, tous comme le faisait l'église avec les cathédrales et les autres monuments dits sacrés. En conséquence, à partir du moment où de fortes sommes d'argent devaient être mobilisées, les accords dits commerciaux venaient épauler ces étranges politiques. Alors que la population criait famine, les autorités leur imposaient de se serrer encore plus la ceinture, afin de construire pour leur roi et leur religion encore et toujours plus faste... au nom d'un dieu.

Est-ce qu'avec la Révolution les temps ont changé ? Oui, mais durant quelques années, pas plus, car 15 ans plus tard, ce sont les représentants du peuple qui, par le Sénat, demandaient à Napoléon Bonaparte non pas d'être couronné roi, mais empereur. Il est vrai que conformément à notre hymne national, le sang abreuvait bien les sillons et, non suffisamment content qu'il soit généré par les guerres militaires, rétablir l'esclavage fut considéré comme une action nécessaire pour lutter efficacement dans la guerre commerciale qui elle aussi faisait rage.

Les temps ont changé, heureusement. Mais ont-ils vraiment changé ? Les guerres commerciales sont toujours là et aucun pays de cette planète n'y échappe. Derrière elles, au rythme des négociations, le principe du capital sans limites permet à certains de vivre leurs rêves... et aux autres de survivre pour que les désirs des premiers soient une réalité.

Peu de temps après avoir écrit ce chapitre, je trouvai opportun de le transmettre aux dignitaires représentant les principales religions. Mon objectif était d'ouvrir éventuellement le débat, si débat il pouvait y avoir.

Finalement, il semble que mes analyses et mes questions sur les religions ne soient pas du goût de certains. Il semble même que je me sois octroyé des droits que je n'avais pas !

Plus précisément, je n'aurais pas le droit de critiquer les religions, tant dans leurs fondements que dans les présentations qui en sont faites, et encore moins les organisations qui les font vivre. La raison ? Ce serait porter atteinte à la liberté fondamentale de croyance en un dieu.

Ainsi donc, certains croyants considèrent que la critique n'est pas acceptable, quant à celle qui remettrait en cause les fondements de leur croyance, elle relèverait de la manipulation, donc d'une atteinte à leur intégrité. D'ailleurs, d'autres se positionnent en défenseurs de leur foi, et sont prêts à tuer ceux qui ne la respecteraient pas, au sens : « ne l'appliqueraient tout simplement pas ou ne s'y rallieraient pas ». Pour d'autres encore, je suis damné pour l'éternité.

Voilà qui est faire grand cas de mes questions et de mes analyses !

Mais ce n'est pas tout, mes propos seraient stupides et sans intérêts, ils seraient ignorés, voire moqués... dans tous les cas sans danger pour les religions, car pouvant être aisément réduits à néant par une simple démonstration. Seulement voilà, si certains de ces croyants, malheureusement anonymes (les représentants légaux ne m'ont pas répondu, ou peut-être, mais en ne signant pas leurs écrits), ressentent le besoin de combattre la critique en menaçant de mort le critiqueur, cela affirme clairement l'intérêt qu'ils y portent, voire, la peur que ses discours leur procurent.

Toujours est-il que, pour l'instant, aucun de ces extrémistes n'a mis sa menace à exécution, sauf peut-être la damnation, mais si c'est le cas, je n'ai pas encore pu en ressentir les effets ».

Chapitre 3

En ce temps-là, John fréquentait une jeune étudiante en architecture prénommée Elena. C'était une fille qui sortait un peu de l'ordinaire, car contrairement à beaucoup d'autres qui rêvaient d'imposer leur style, elle, elle affichait avoir pour vocation d'intégrer le mieux possible les logements, et plus généralement l'ensemble des bâtiments, aux besoins auxquels ils étaient destinés. Pour les autres étudiants, c'était un manque d'ambition. Pour le responsable du département architecture de l'université, cela frôlait la trahison, mais pour une grande partie de ses professeurs, elle était vue comme une des rares à avoir compris le fondement du métier d'architecte. Alors que les autres considéraient que les occupants devaient adapter leur organisation au bâtiment, elle, elle pensait l'inverse. Pas de plan ni d'hypothèse architecturale, tant que les organisations et leurs possibles évolutions dans le temps n'étaient pas clairement définies. En résumé, l'architecture devait se mettre au service des organisations et non l'inverse. Celle qui quelques mois plus tard allait être sa femme n'avait pas été façonnée dans le même moule que les autres. Aussi, lorsqu'il lui présenta ce qui était un réel changement d'orientation dans ses études, et pour quelles raisons il envisageait de le faire, elle ne fut pas choquée ni même surprise par son désir d'évolution. Elle ne le fut tellement pas, que sa première question, qui en réalité était plutôt une demande, fut qu'il associe, voire, qu'il intègre le plus possible la psychologie à la psychiatrie. Alors qu'il n'avait pas encore défini précisément vers quelle spécialité il allait s'orienter, elle venait de les mettre en évidence le plus naturellement du monde. Il se posait des questions sur « pourquoi l'être humain est ainsi ? » Alors il devait étudier comment et pourquoi cette machine fonctionnait de cette manière, et naturellement, l'analyser en continu pour lui apporter de bonnes solutions, et à défaut, les moins mauvaises possible. Voilà pourquoi John est devenu un *psy au pluriel*.

Rapidement, il s'aperçut qu'elle s'intéressait à ses travaux, et pas seulement par curiosité. Il la savait catholique, mais il ne semblait pas que sa foi la pousse à pratiquer conformément aux usages en vigueur. Contrairement à ce qu'il craignait, lorsqu'elle lut ce qu'il avait écrit sur le sujet, elle ne sauta pas au plafond ni n'arracha les rideaux… qu'ils n'avaient pas d'ailleurs. Non, sa réaction fut plutôt de nature sociologique : « notre besoin d'appartenir à un clan est si puissant que nous pouvons croire que l'imaginaire est une réalité s'il nous permet d'assurer sa cohésion, preuve que pour nous, il est une nécessité absolue. »

Fort de cette réflexion, il envisagea la possibilité d'apporter sa pierre ou peut-être un simple gravillon à l'édifice humain pris dans sa globalité. Même si pour l'instant, c'était sans trop savoir comment. Ce sont les parents d'Elena qui eurent la réaction la plus anti : « ce n'est pas logique de faire ça, car tu gagnerais mieux ta vie en tant que chirurgien ». Il faut dire qu'elle est issue d'une famille aisée à forte orientation luthérienne, et ce, depuis plusieurs générations.

Il était évident que cette plongée dans les fondements de l'être humain n'allait jamais être aboutie, qu'elle devait être en perpétuel état de recherche. Les orientations et la pertinence des hypothèses qui seront émises, jour après jour, devront tout aussi régulièrement être vérifiées… ce qu'il fait encore aujourd'hui, car dans ce domaine-là, la notion de retraite est un non-sens.

Après avoir visité la théologie et son approche du libre-arbitre, il se dit qu'il serait logique d'explorer cette question dans son ensemble et sous toutes ses facettes.

« Il est souvent nécessaire de partir des origines pour étudier pertinemment un sujet, mais pour le libre-arbitre, cette évidence s'imposait encore plus que pour les autres.

Quel que soit le sujet, si nous nous interrogeons sur son fondement, le seul moyen de répondre honnêtement à cette question, c'est d'accepter de le faire en utilisant les connaissances que nous possédons à cet instant et dans notre durée temporelle. Vous remarquerez que je n'ai pas écrit « que nous maîtrisons »... normal, dans quelle mesure sommes-nous capables de certifier que les raisonnements que nous affirmons être justes et vrais le sont réellement ? Ce que nous maîtrisons, ce sont les méthodes d'utilisation que nous y avons associées.

Si nous constatons que les sociétés dans lesquelles nous vivons ont une incidence certaine sur notre manière de penser et d'agir, comment pouvons-nous raisonner et décider en libre-arbitre ?

Comment pouvons-nous poser ces questions comme étant des généralités alors que le langage des cités n'est traduit qu'approximativement, et n'est que vaguement compris par le reste de la population ?

Le plus important moyen de communication des êtres humains est la parole, mais comment pouvons-nous nous comprendre alors que les mots employés dans la même langue et dans le même pays n'ont pas la même signification, selon où nous nous situons, par exemple à Lille ou à Marseille ?

Avant toutes autres considérations, ne faut-il pas définir le ou les sujets qui entrent dans notre champ de réflexion ? Et plus précisément : est-ce que l'être humain est le seul élément que nous devons accepter dans cette analyse ? Et pour être encore plus précis, est-ce qu'une IA (Intelligence Artificielle) peut et doit y être intégrée ?

Ne faut-il pas nous restreindre aux humains en état de bonne santé physique et mentale ?

Ne faut-il pas restreindre notre analyse aux humains vivants en sociétés ? Si la réponse est oui, il faudra définir le nombre d'humains en contact et selon quelle organisation sociétale ?

À partir de quel âge un enfant peut-il être intégré dans cette analyse ?

Nous pourrions en poser des centaines de questions de ce genre.

Concernant les IA, il est difficile de prendre une position sans faire référence à la nature ou à la croyance en un dieu. En effet, une IA ne peut pas exister sans l'intervention humaine. Même en sous-traitant leur fabrication à ces mêmes machines, la création sera artificielle, elle sera dépendante de la volonté humaine. Or, il nous faut bien reconnaitre qu'en ce qui concerne la création de nos descendants, nous nous trouvons être dans la même position de dépendance que les IA : nous sommes toujours en position de dépendance initiale par rapport à la nature ou à un dieu, mais déjà en position de décisionnaire. En effet, que sont les AMP et PMA, sinon des actes de sous-traitance d'assistance technique à la nature ? Quant au clonage d'être humain que nous nous étions interdit moralement de réaliser, rappelons que huit ans après le premier clone animal (la brebis Dolly), des chercheurs sud-coréens ont réalisé le premier clone humain. Certes, il n'a pas abouti à une naissance, mais ce n'était pas l'objectif visé. Celui-ci était : « Dans le cadre d'une recherche en biologie fondamentale, lever les obstacles techniques pour parvenir à réaliser le clonage d'un être humain. »

Pour information, en France, la recherche sur l'embryon est autorisée sous certaines conditions par la loi de bioéthique du 7 juillet 2011, modifiée par la loi du 6 août 2013. Actuellement, les chercheurs autorisés peuvent travailler à partir d'embryons surnuméraires conçus dans le cadre d'une fécondation *in vitro* que les parents choisissent de donner à la recherche.

Aux USA, en 2008 : « *Deux compagnies ont annoncé avoir créé des embryons, pour la première fois, à partir de cellules de peau d'adultes. La Cie Stemagen a obtenu de trois jeunes femmes donneuses (20 ans à 24 ans) un total de 29 ovocytes. Ces œufs sans projet parental ont été donnés aux chercheurs sans contrepartie financière, comme le réclament les lois américaines sur la protection des individus dans la recherche et les recommandations de l'Académie des sciences pour la recherche sur les cellules souches embryonnaires humaines. Les ovocytes en question, capturés mûrs par aspiration transvaginale, ont aussitôt été énucléés. Leur noyau contenant la totalité des chromosomes a été détruit soit par extrusion, soit par aspiration. La seconde étape de cette technique classique de transfert nucléaire somatique a consisté, sur des cellules de peau humaine adulte mâle, à prélever l'ADN nucléaire. Celui-ci a alors été transféré dans les ovocytes débarrassés de leur propre noyau. Cette technique est utilisée dans le monde entier pour la production de clones animaux.*

Le résultat est là : sur les 29 œufs de départ, les chercheurs ont obtenu cinq blastocystes clonés, c'est-à-dire des embryons primitifs constitués d'un amas de 64 cellules. »

Référence : Le Figaro Sciences. Extrait de l'article de Jean-Michel Bader, publié le 19/01/2008.

Aux États-Unis, la question est complexe puisque, dans certains domaines, chaque État possède sa propre loi. Ainsi, seuls six états américains interdisent le clonage humain par une loi explicite. Pour ces États, les techniques de reproduction doivent faire l'objet d'une déclaration obligatoire en vertu de la Fertility Clinic Success Rate and Certification Act de 1992.

Je ne porte aucun jugement, mais je me pose des questions sur l'incidence du clonage d'être humain sur le libre-arbitre, ainsi que sur l'ensemble des doctrines qui sont en relation avec lui (Déterminisme, Rationalisme, et cetera).

Toujours afin d'éclairer notre vision, tentons de répondre à ces questions. Nous constatons que dans les descendants directs d'une lignée, nous retrouvons parfois, et ce n'est pas totalement à la marge, des traits de caractère psychiques communs, voire similaires, entre un aïeul et un descendant qui ne pouvaient pas se connaitre. Qu'à ce jour, nous ne soyons pas capables de l'expliquer, ne signifie pas que ce patrimoine n'existe pas ni même qu'il existe, tant que nous n'en aurons pas apporté les preuves formelles. Ce que nous supposons savoir concerne la transmission transgénérationnelle psychique, communément nommée inclusion. Dans l'hypothèse où ce patrimoine existerait, dans quelle mesure serait-il impacté lors d'un apport hors lignée par le clonage ? Cette question relève-t-elle de la pure biologie-fiction ?

Il semble que la question concernant les IA ne soit pas encore d'actualité, toutefois, elle peut, et va certainement le devenir dans un futur très proche.

Concernant la restriction aux êtres humains en bonne santé physique et/ou mentale : dans notre analyse, seul le libre-arbitre est ciblé. Aussi, ne peuvent être écartées que les pathologies physiques et mentales nuisibles à la capacité de pouvoir, sans contrainte, penser et donc décider.

Concernant la restriction aux seuls êtres humains vivants en société, allons-nous prendre en considération tous les types de sociétés ? Il faut bien avouer que la tendance naturelle à vouloir écarter les organisations sociétales qui ne seraient pas basées sur la liberté de penser est grande, mais dans quelle mesure ces libertés sont-elles associées au libre-arbitre ?

Maintenant, considérons que la décision doit intégrer l'ensemble des membres d'une société, sans distinction. N'est-ce pas élargir de manière inconsidérée les études et analyses, et risquer ainsi de tomber dans une fade, voire fausse, généralité ? Mais inversement, ne vouloir y admettre que les plus orientés à être conformes à l'étude, n'est-ce pas se servir d'a priori irrecevables et de les utiliser pour supprimer une certaine liberté de penser dans le but de la préserver ?

Quant à vouloir écarter de notre champ d'analyse les enfants en dessous d'un certain âge, il serait difficile de simplement l'envisager puisque le « futur » remonte jusqu'au moment de la création, et même avant, alors que l'enfant n'est qu'hypothétique.

D'ailleurs, je propose de commencer l'observation de la notion de libre-arbitre, par l'enfant.

Avant même la conception, l'idée que la mère se fait d'avoir un bébé prépare le nid de ce « futur ».

Dès son état de spermatozoïde, l'enfant est dépendant de l'état de la mère. En effet, celui-ci sera sécurisant ou non sécurisant.

Des paroles de sa mère, il en perçoit les basses fréquences. Cela lui permet d'en prendre l'habitude, de les apprendre, et plus tard, dès sa naissance, cela lui donnera la possibilité de les différencier des autres.

Reconnait-il précisément les mots et les intonations qui lui sont destinés lorsque sa mère lui parle ? En perçoit-il une différence d'avec les autres ? Nous pouvons le supposer.

La bonne attention de la mère à l'enfant permettra à celui-ci de bien se développer.

Une fois né, une fois la mère reconnue, et si elle lui porte son attention, naturellement, il se nourrira au sein jusqu'à satiété. Inversement, si pendant cette période elle est « distraite », par son téléphone par exemple, il ne trouvera pas le lien de l'union et ne tètera pas pleinement.

Rien ne sera déterminé, tout sera possible, et ce, à chaque palier de son évolution, de son apprentissage, qui, contrairement à ce que beaucoup pensent, durera toute sa vie. Même en fin de celle-ci, même s'il est atteint d'Alzheimer, il pourra encore faire un pas en avant.

Pour autant, aura-t-il la capacité à décider en libre-arbitre ? Il est relativement simple d'avancer la réponse : oui et non à la fois, et pour se permettre de l'affirmer, il suffit de le constater.

Dans son état de bébé, puis d'enfant, et en grandissant puis en vieillissant, il sera libre dans ses pensées, mais seulement en partie dans ses actions (exemple : il pourrait refuser de se nourrir, mais son entourage le mettra sous perfusion : contrainte d'action, mais non de pensée, d'intention, de volonté).

À partir de quel âge l'enfant est-il conscient ? Quatre à cinq mois après la naissance, peut-on considérer qu'il discerne, grâce à ses pleurs, qu'il est le centre d'intérêt de ses parents ? Est-ce que ce sont les premiers signes qu'il a de la conscience du monde extérieur ? Avant cette période, ses réactions relèvent-elles de l'instinct ? Durant ces quelques mois, n'est-il pas dans l'apprentissage du monde extérieur avec comme base son vécu dans le monde intérieur de sa mère ? Et finalement, son instinct de survie n'était-il pas lié à sa condition de dépendance de « futur », puis de nouveau-né ? Cette dernière est évidente, et pour preuve, celle-ci est validée par un exemple : il aura beau chercher le téton de sa bouche, s'il ne lui est pas présenté, il sera impuissant à modifier sa situation sans aide extérieure. Pour y parvenir, son seul outil sera d'alerter la mère de sa condition par des cris et des pleurs.

Durant cette période, il est principalement dans un état de *conscience phénoménale* caractérisée par ses ressentis, mais pas seulement, car dans le même temps, la cognition se met en place, et ce, à une vitesse extraordinaire. Et parmi cette *révolution cognitive* (Jérôme Bruner et George Armitage Miller dans le cadre du « *Center for Cognitive Studies* » qu'ils créent ensemble à Harvard en 1960 en vue d'intégrer l'étude de la pensée, considérée par eux comme une construction cognitive apprise et ouverte vers une « approche interdisciplinaire du mental ») se trouve être la mémoire, le langage, le raisonnement, l'apprentissage, l'intelligence, la perception ou l'attention... tout pour se mettre en situation de prendre ses propres décisions. Mais pour autant, sera-t-il neutre et donc libre ou déjà conditionné par les pressions extérieures, et notamment par celles de ses parents, surtout de sa mère ? Il suffit d'observer l'état fusionnel de la mère et de l'enfant pour constater que l'un comme l'autre éprouve, par-dessus toutes autres considérations, le besoin de se donner du plaisir mutuellement.

Mais... attention ! Halte-là ! Acceptons de faire une pause, de boire un café ou de faire une petite sieste (coquine ou pas, c'est vous qui voyez !)

Voici venu le temps de mettre en évidence une interférence, un empêcheur de tourner rond, un parasite de première main, du plus haut niveau qui soit, il s'agit du striatum. Vous savez, c'est la petite partie du cerveau qui ne trouve rien de plus amusant que de nous permettre de recevoir une belle dose de dopamine si nous lui faisons plaisir ! Et la condition pour nous injecter cette drogue n'est en rien en relation avec la cognition, non... elle est de type phénoménal. Nous lui faisons plaisir, il nous donne notre dose. Nous ne lui faisons pas plaisir, il ne nous la donne pas. Ce résidu de conscience phénoménale qui était nécessaire à notre survie du temps où nous étions des Cro-Magnon n'a, aujourd'hui, plus de raison d'être... seulement voilà, il est encore là !

Il est une anomalie, concrètement, cette partie de notre cerveau n'a pas évolué à la même vitesse que les autres (« Le bug humain », de Sébastien Bohler, éditions Robert Laffont). C'est d'ailleurs ce striatum qui est en grande partie indirectement responsable de la destruction de notre environnement. C'est lui qui est à l'origine de notre obésité, de notre course vers le statisme, de notre culture du moindre effort.

Nous pourrions citer des centaines de raisons qui le poussent à nous récompenser, mais ce n'est pas nécessaire, car nous pouvons les résumer en une seule : si nous transformons nos envies en besoins et que nous les satisfaisons, il nous récompense. Pourquoi ? Parce que du temps où la conservation des aliments n'existait pas, du temps où le repas n'était pas garanti par la chasse, du temps où voler un aliment pouvait permettre de survivre, il fallait manger immédiatement un maximum de la nourriture que nous parvenions à avoir, car il était plus que probable que nous allions en manquer les jours suivants. Le striatum veillait à notre survie. Le système était très efficace, mais aujourd'hui, qu'il suive encore la même procédure est un réel problème.

En ce temps-là, la gestion des temps futurs n'était pas d'actualité, aussi la bonne gestion de l'immédiateté était notre seule chance de survie. Malheureusement pour nos générations futures, et surtout pour notre planète, de nos jours ce principe s'impose encore à nous.

Bien sûr, il y a moyen de passer outre en se faisant mal volontairement pour s'ordonner un autre paradigme : si nous ne bougeons pas de devant nos écrans, mais tout à coup, contre ce que nous sentons être notre nature, nous nous mettons à faire du sport : nous aurons mal, nous serons en manque d'écran, nous nous maudirons et n'aurons qu'une envie, celle de filer un grand coup de pied à cette stupide idée. Mais si nous persévérons, ces sensations s'effaceront. Notre striatum s'adaptera, et en fin de compte, il nous récompensera lorsque nous ferons du sport et nous privera lorsque nous n'en ferons pas. Je ne parle pas de l'endorphine (morphine endogène sécrétée par l'activité sportive, qui nous apporte le bien-être en inhibant les douleurs physiques et morales). En conclusion, il est possible de changer, mais pas sans effort.

Maintenant, revenons à notre libre-arbitre, et à notre conscience.

Que cela nous plaise ou non, nous ne pouvons pas échapper à l'attraction de ce que nous appelons « notre tendance naturelle ». Toutefois, il faut accepter de reconnaitre que nous pouvons la combattre, et même la vaincre ! Mais rien n'est simple ni gratuit en ce bas monde, et nous nous évertuons à garder précieusement cet adage comme excuse.

Fort de ce constat, car ne nous voilons pas les yeux c'en est un, entrons dans le vif du sujet et arrêtons-nous quelques instants sur un de nos sentiments, celui qui dirige le monde : le sentiment amoureux.

Depuis le temps que nous en parlons, avouez que nous sommes censés en savoir beaucoup sur le sujet. En tout cas, beaucoup plus que ce que nous sommes prêts à admettre.

La passion amoureuse se vit comme une aliénation, elle nait de l'émotion et vise la possession. Mais ! Oui, je sais, encore un « mais » ! Celui-là intéresse deux notions qui sont intimement liées : la quête du plaisir et le besoin de procréer, qu'il faut dissocier de l'amour, qui est bien différent et génère encore plus de difficulté.

Faisons un constat. Pouvons-nous faire preuve de libre-arbitre lorsque nos enfants sont directement concernés par la décision que nous devons prendre ? Avouons que l'amour oblatif le plus naturel, celui que nous portons à nos enfants, s'impose toujours à nous loin devant les autres. Toutefois, il faut bien accepter aussi que nous donnons une incommensurable importance à une autre fraction de nos amours, celle qui a d'ailleurs été la cause d'un nombre incalculable de morts ! Il s'agit bien sûr de la passion amoureuse, et plus précisément de l'amour captatif persistant, ainsi que sa dose de jalousie tout aussi incontrôlable. Celui-là nous rend fous, fous d'amour, au point de prendre des vies au plus fort de ce sentiment. Pensez-vous qu'à cette période-là, nous sommes capables de décider en libre-arbitre ? Non, c'est évident.

Certes, la folie amoureuse ne dure qu'un temps, mais même si en passant, celui-ci émousse les pics de nos émotions, nous savons tous que cette folie laissera des séquelles. Les contraintes sont trop fortes pour que le libre-arbitre puisse s'exprimer pleinement, et parfois même partiellement.

Les êtres amoureux auront l'espoir de passer de l'amour captatif (incontournable dans la phase d'amour-passion) à l'amour oblatif et, si possible, d'accéder au pur amour, celui qui est dénué de toutes ambivalences. Dans cette dernière phase, nous pouvons penser qu'il permettra, et peut-être même assistera l'expression du libre-arbitre.

Maintenant, il est un point à clarifier très précisément. En effet, il ne faudrait pas se laisser attirer par ce qui serait une tromperie. La notion de libre-arbitre n'est en rien assimilable à la liberté. Enfin, je devrais préciser « n'est en rien directement assimilable », car là encore, cette foutue notion de temps risque d'intervenir un jour prochain, ou un plus lointain, et nous faire croire que, finalement, décider en libre-arbitre n'est pas toujours « bon ». Aussi, rappelons notre objectif, nous ne nous intéressons qu'à la question : « sommes-nous capables de prendre une décision sans qu'elle nous soit dictée ou orientée par une situation, un évènement ou une autre personne que nous-mêmes ? » Aussi, afin d'éviter les amalgames, il n'est pas inutile de définir la ou les limites qui séparent le libre-arbitre de la liberté.

Pour bien comprendre cette différence, tentons de définir d'une manière comparative ces deux notions.

Le libre-arbitre est la faculté de penser et de décider soi-même, librement, indépendamment de toutes contraintes et influences extérieures.

La Liberté est l'état ou la condition de quelqu'un qui n'est pas soumis à une autorité quelconque.

Après réflexions, nous pouvons nous demander : est-ce que ces deux aspects ne sont pas complémentaires ?

Dans l'affirmative, cela pourrait donner : le libre-arbitre est proche de « la possibilité de penser par soi-même, sans conditionnement », alors que la liberté serait « l'absence de contraintes, qu'elles soient physiques et/ou de pensées. » Dans libre-arbitre, aucune contrainte autre que celle de l'orientation de la penser, alors que dans liberté, il est nécessaire d'y associer un complément pour la définir plus précisément. Exemple : liberté d'expression, liberté de se mouvoir, liberté de s'exprimer, et cetera.

Pour autant, cela ne signifie pas qu'il soit suffisant d'être plus précis pour mieux définir la notion de libre-arbitre, car cette notion est à première vue un tantinet abstraite !

Voici quelques-unes des contraintes possibles sur la pensée : l'éducation, le groupe social, le vécu, la psychologie, l'héritage génétique... et j'en oublie certainement une grande quantité, notamment les dérivés de celles-ci. Autant de facteurs qui influencent nos raisonnements et nos décisions. Toutefois, nous remarquons ou ressentons que quelques-uns d'entre eux sont de natures différentes et qu'il est possible de les trier. D'un côté l'éducation, le groupe social, le groupe familial, le vécu... et de l'autre, la psychologie, l'héritage génétique...

Concrètement, nous avons séparé les conscients et semi-conscients des inconscients.

Bien sûr, ce tri est superficiel, il relève de ce que nous pouvons qualifier du *tout ou rien*, et une fois de plus, il ne tient pas compte des variantes et des partielles.

La liberté se voit limitée, par la société (ses lois et interdictions), donc par la répression et l'emprisonnement, ainsi que par les restrictions liées aux croyances religieuses.

Question : Peut-on penser sans contrainte, donc choisir en libre-arbitre tout en étant privé de liberté ?

Être emprisonné sans autre torture que d'être privé de liberté ne nous empêche pas de penser. Par contre, être privé d'eau, de nourriture, de sommeil, nous empêche de penser.

Être sous l'emprise d'une drogue nous empêche de penser.

Être seul, isolé, sans possibilité de contact humain ou animal, nous empêche de penser.

Subir un lavage de cerveau nous empêche de penser. Mais... une petite parenthèse. N'est-ce pas ce que nous subissons déjà par les actions publicitaires, par les informations (quel que soit le mode de transmission : télévisé, radiophonique ou papier), par les polices et justices ?

En réalité, est-ce que nos modes sociétaux, quelles que soient leurs natures, influent sur nos modes de pensées et surtout sur le fond de nos pensées ? Oui, c'est certain, mais est-ce une question pertinente puisque l'être humain ne peut pas vivre isolé ?

À partir du moment où il vit en société, au sein d'une société, il en sera toujours acteur. Car même s'il la combat ou la refuse, il devra en suivre les règles. Et même s'il se positionne en hors-la-loi, il sera contraint d'en subir les châtiments... ce qui revient à constater qu'il est obligé d'en suivre les règles, donc, qu'il fait partie de la société. S'il décide de la quitter, il sera toujours originaire de celle-ci... et dans le cas où il en serait banni, il serait interdit de séjour, donc encore en relation avec cette société. Naitre dans une société, c'est être marqué à vie d'une contrainte indélébile.

Dès sa conception et tout au long de sa vie, l'être humain est éduqué et instruit par ses parents, sa famille, et par la société dans laquelle il vit. Supposer que son mode de pensée ne sera pas conditionné par ces mêmes proches et organisations sociétales n'est pas réaliste.

En théorie, il devrait être capable de penser ses propres idées, et en fonction, de faire ses propres choix. Mais est-ce que la société, dans laquelle il est né et a grandi, ne le conditionne pas afin qu'il accepte et suive les règles qui lui sont, et seront imposées ? Règles qui permettent à cette société d'exister ? Non en théorie, mais en pratique, dans la vie de tous les jours, n'est-ce pas ce qui se produit ?

N'est-ce pas ce qui se produit aussi au sein de sa famille ? Au sein de son entourage de proximité, de son club de sport, de son... en bref, au sein de toutes les organisations que nous côtoyons. Reconnaissons que beaucoup, sous couvert de vouloir inculquer des « valeurs », vont finalement conditionner leurs adeptes afin qu'ils suivent les voies de leurs organisations, et qu'ils pensent et agissent conformément à leurs éthiques. Est-ce que les empêcher de penser par eux-mêmes ne relève pas d'une contrainte ? N'est-ce qu'un choix ?

Nous sommes dans le cas de fortes incitations *volontaires* à penser, que ce soit de nature favorable ou défavorable, conformément à la pensée d'une autorité.

Ainsi, le seul fait d'avoir été créé conditionnerait l'être, l'asservirait dans ses pensées et donc dans les modes et techniques de raisonnement qui sont censés l'amener à effectuer ses propres choix.

Cela ne signifie-t-il pas que la notion de libre-arbitre ne peut pas exister pour les êtres humains ? En effet, pour une immense majorité d'entre eux, en réalité la quasi-totalité, la vie en société est une nécessité.

Fort de cette relation de causalité, pouvons-nous affirmer que le libre-arbitre existe dans le monde réel ? »

Chapitre 4
Les Sciences Physiques

Commencer son étude par le libre-arbitre, s'assimile aisément à un sacerdoce, à une mission. En effet, cette question dite existentielle semble l'être réellement pour beaucoup, au moins en théorie pour tous les croyants en un dieu. John avait déjà balayé rapidement ce qui était affiché par les diverses confessions, et il y reviendra très régulièrement. En effet, cloisonner d'une manière hermétique la religion de la philosophie, des sciences physiques, de la sociologie ou de la psychologie serait commettre une erreur élémentaire. Aucune science intégrée dans un système interactif n'existe pleinement si elle est étudiée isolée de son environnement... même au niveau de son étude fondamentale.

Il décida donc de plonger sur les sciences physiques.

« Beaucoup de physiciens affirment que leur science permet de mieux comprendre la notion de Déterminisme. Les neurosciences, elles, toucheraient à la qualité d'être ou de ne pas être en situation de libre-arbitre... en tout cas, c'est ce qu'un grand nombre de neurologues affirment.

Avant d'émettre toutes sortes d'hypothèses, dans ces domaines plus que dans tous les autres, il est bon de rappeler que *« ce qui est vrai aujourd'hui ne le sera peut-être pas demain, d'où la nécessité de chercher et de se cultiver sans cesse pour que* **notre tête soit bien faite et pas seulement bien pleine** *»* (ce n'est pas de moi, mais j'y adhère sans réserve).

La physique... les physiques :

L'épistémologie (la philosophie des sciences) fournit une des approches de la notion de libre-arbitre par les mathématiques : *la connaissance des causes disparaît des explications au profit de lois mathématiques prédictives, à la raison qu'elles sont probabilistes et calculables.* Cette notion avait, en son temps (1921), pour base : « *La croyance en la relation de cause à effet, c'est la superstition.* » (Tractatus logico-philosophicus, 5.1361, Gallimard, Ludwig Wittgenstein). Aujourd'hui, elle est encore d'actualité, mais dans une forme différente, et précisément plus perverse. En effet, dans cette nouvelle hypothèse, la volonté d'imposer des modèles mathématiques pour tout, à la raison que ce tout est probable et calculable, c'est, d'une manière générale, contourner le fondement sur lequel ils reposent puisqu'ils sont issus de la « Théorie vérificationniste de la signification ». C'est faire fi de l'indispensable : « La signification d'une proposition, c'est son moyen de vérification ». C'est faire fi de la causalité qui à nos yeux est rationnelle, et finalement, qui est tout sauf une superstition.

Le réductionnisme logique montre qu'en réduisant à la logique mathématique les énoncés de ces mêmes mathématiques, ces derniers sont formés de tautologies. Quant à refuser le principe de causalité, voilà fait le constat qu'aujourd'hui : « la physique moderne élimine la connaissance des causes sans apporter la preuve que l'indétermination quantique est un hasard essentiel », alors que l'équation de Schrödinger le fait plutôt bien !

Attardons-nous quelques instants sur la physique quantique.

Pour la faire simple tout en essayant de la vulgariser sans trop la dénaturer, faisons l'impasse sur toute la formalisation, par nature mathématique, et ne parlons que des constituants de cette réalité qui, lorsque nous ne la comprenons pas, supporte des explications du genre étrange, bizarre et même magique !

LE LIBRE-ARBITRE

Tout d'abord, l'échelle des dimensions : microscopique (atome et plus petit), mésoscopique (intermédiaire), macroscopique (ce qui est visible). En découlent la physique quantique (microscopique), la physique mésoscopique (intermédiaire), et la physique classique (macroscopique).

Il est généralement affirmé sèchement que la physique quantique ne suit pas les mêmes lois que la physique classique. Oui, c'est vrai, mais est-il judicieux de présenter les choses de cette manière ?

Nous aimerions tous que la physique (dans sa globalité) soit simple, compréhensible, et constatable. Mais est-il si difficile d'accepter que nos capacités ne nous permettent pas de voir l'infiniment petit, et encore moins de l'interpréter ? Que l'avancée de nos connaissances ne nous permet pas encore de tout expliquer, et que la grande majorité des humains n'est pas capable de comprendre ce que nous savons déjà !

Maintenant, en comparaison, regardons le monde astrologique et posons-nous cette question : sommes-nous capables d'expliquer comment fonctionne l'univers ? Réponse : pas mieux, alors que nous en voyons une partie non négligeable.

Pourquoi les lois de la physique quantique ne s'appliquent-elles pas « directement » à la physique classique ? Tout simplement parce que la physique classique est la continuité des physiques quantique et mésoscopique. De la même manière, notre corps est constitué d'une multitude d'éléments infiniment petits que nous ne voyons pas, et c'est cet agrégat qui forme l'élément macroscopique que nous sommes et que nous voyons.

Histoire de nous faire tourner la tête, rappelons-nous que nous ne sommes pas grand-chose, un atome (0,1 nm) est constitué de vide pour 99,999 999 99 % de son volume (Niels Bohr, 1885-1962). Contrairement à ce que sous-entend le mot vide, il est tout, sauf empli de « rien ». En effet, à tout instant, un nombre considérable d'ondes traverse ce vide sans qu'elles génèrent (jusqu'à preuve du contraire) d'effet sur lui.

Aussi, pour pouvoir étudier les évènements de notre infiniment petite physique quantique, nous effectuons des *quantifications,* d'où le terme quantique. Lorsque nous effectuons, ce que nous appelons une première quantification, nous pensons l'espace en termes de droite et la matière en termes de cercle (rappelons-nous nos cours de math du lycée : les nombres complexes [le petit « i »], nous sommes en plein dedans !), ce qui élimine le temps.

En seconde quantification, nous entrons dans la physique quantique de champs. L'idée est de traiter un système non plus comme une fonction d'onde, mais comme un opérateur quantique. Ainsi, le champ se trouve pensé en termes de cercle, ce qui élimine l'espace et le temps pour ne laisser que le champ et la matière, qui sont pensés aussi en termes de cercles comme en première quantification.

Ce sont des astuces, certes, mais elles semblent fonctionner ou, si vous préférez, ne pas être fausses jusqu'à preuve du contraire !

Au niveau de l'infiniment petit, que nous apporte la physique comme information sur la possibilité ou non du libre-arbitre ? Eh bien, le constat est simple : le Déterminisme (l'anti libre-arbitre) ne peut pas trouver sa place puisque nous évoluons dans la statistique. Pour compléter cette pseudo interdiction, dans l'infiniment grand nous jouons aussi avec ces genres de calculs. Pour revenir à la notion de causalité, il semble bien qu'il n'existe pas une causalité, mais plusieurs notions et qu'en aucun cas elles ne puissent relever de la superstition. (Définitions de « superstition » : Croyance en l'influence surnaturelle de certains objets, de leurs caractéristiques ou de certains évènements sur la vie d'une personne, comportement résultant de cette croyance. Éviter les chats noirs par superstition. Croyance irrationnelle au pouvoir de certains rites ou de certains objets associés à la religion. Les superstitions d'une tribu. Attachement irrationnel pour quelque chose).

Vous ne pensez tout de même pas que je vais vous laisser quitter la physique quantique comme cela !

Par souci de vulgarisation, que les auteurs précisent bien comme étant partiellement **fausse**, beaucoup de physiciens la résument en sept points :

1 : Le principe de superposition.
2 : L'indéterminisme de la mesure.
3 : La réduction des états quantiques.
4 : La dualité onde-corpuscule.
5 : L'effet tunnel.
6 : La quantification des propriétés physiques.
7 : Le principe d'incertitude de Heisenberg.

Afin d'en comprendre le sens, je vous laisse aller sur Internet, les vidéos explicatives pullulent, avec ou sans formules mathématiques.

Maintenant, comme rien n'est blanc ou noir, je vous propose de prendre le cas d'un couillon moyen qui n'a pas inventé l'eau tiède : moi par exemple. Si vous voulez me faire croire que toutes les causes ne génèrent pas toujours des effets, vous allez avoir du mal ! Pourquoi ? Parce qu'à l'école, et pour être plus précis, dès le collège, les professeurs m'ont enseigné le fameux « Vrai jusqu'à preuve du contraire. Et il suffit d'un contre-exemple pour invalider une affirmation. » Aussi, pour éviter de tomber sous le coup de cette monstrueuse démonstration qui ne convient pas du tout à ceux qui cherchent, par tous les moyens, la possibilité d'imposer les lois mathématiques qui les arrangent, *ils éliminent de la règle du jeu les cas où cela ne fonctionne pas (nota : cela ne poserait pas de problème si, proportionnellement, leur valeur était insignifiante, mais ce n'est pas le cas).*

Ainsi, nous avons droit à un magnifique : « cette affirmation n'est généralisable qu'aux sciences dures, où le fortuit désigne ce qui intervient non seulement sans cause finale ou efficiente, mais surtout sans loi probabiliste calculable. » Ce qui génère : « L'indéterminisme quantique représente la prise en compte des limites de la connaissance :

celle d'une limite infranchissable, en pratique comme en théorie, en ce qui concerne la réalité en soi ».

Ne sommes-nous pas censés expliquer une réalité constatée ou fortement supposée en en élaborant des formulations mathématiques ? Alors qu'établir en réalité une hypothèse, sous prétexte que nous avons réussi à la formaliser mathématiquement, cela relève plus de l'affirmation religieuse, du fameux :

« Si vous ne croyez pas, vous ne comprendrez pas ».

Aussi, afin d'enfoncer le clou, nos chers filous ont établi que le principe de causalité n'est qu'une superstition...

Ben voyons mon couillon ! D'ailleurs, si vous vous tapez sur les doigts avec un marteau, vous pouvez ne pas avoir mal ! C'est vrai... si, si, promis, mais dans quel pourcentage de cas ? Car le petit problème est que cette probabilité-là relève de l'état microscopique, et que si vous voulez valider cette possibilité dans le monde macroscopique, vous allez avoir mal, très mal au doigt ! et pendant ce temps-là, la marmotte pourra prendre tout son temps pour mettre le chocolat dans le papier alu...

Allez, encore un petit coup de rigolade basé sur le principe de la rationalité. Avant d'affirmer que le bigbang est un des multiples rebonds énergétiques de l'univers, il serait peut-être plus rationnel d'avancer progressivement et avant de prendre l'hypothèse de ces fameux rebonds comme étant une réalité, il serait bon de parvenir à répondre à quelques questions. En voici une petite pour exemple : que sont devenues les matières manquantes ? Je ne dis pas que l'hypothèse de rebonds de bigbang est fausse, mais qu'il n'est pas logique d'en poser les bases comme étant une réalité tant que nous n'aurons pas résolu les problèmes de l'horizon, de la platitude, des monopôles et de la formation des structures autrement que par l'émission d'hypothèses opposées aux problèmes constatés. Pour l'instant, la résolution de ces problèmes, éminemment complexes, est traitée de la méthode la plus simpliste qui soit. Exemple : il me manque de la matière pour valider mes hypothèses : voilà, je suppose qu'elle existe. Je la baptise *atypique* et j'affirme que sa création est nécessaire à mon raisonnement, donc qu'elle est, donc que mon raisonnement est juste. Ce n'est qu'un des exemples utilisés par nombres d'astrophysiciens (cosmologistes) pour affirmer qu'aujourd'hui, les théories alternatives à celle de *l'inflation cosmique* sont « globalement considérées comme moins génériques, moins esthétiques et moins achevées. Elles sont donc, et de loin, considérées comme moins réalistes. »

Voilà, voilà, voilà... sous couvert de grande rigueur, cette méthode de résolution nous prouve surtout qu'à ce jour, nous supposons beaucoup, mais ne savons pas grand-chose. Quant à ceux qui m'opposeraient que si nous ne sommes pas capables de prouver que ces hypothèses sont fausses elles sont nécessairement vraies, je répondrais que ce raisonnement me rappelle étrangement celui qui prouve l'existence des dieux aux yeux des croyants : « Si vous y croyez : ils existent, si vous n'y croyez pas, prouvez qu'ils n'existent pas. »

Dans ce genre de démarche, nous sommes loin, très loin de la nécessaire validation initiale. En bref, nous faisons appel à un imaginaire non vérifiable... et une fois de plus, la marmotte met le chocolat dans le papier alu.

Une petite parenthèse : le 11 février 2016, l'être humain a pu observer directement la présence d'une onde gravitationnelle, donc, la *constater*. L'intérêt ? Grâce à cette preuve, de nombreuses théories vont être confirmées ou infirmées, et plus particulièrement :

– L'unification de toutes les forces fondamentales (théorie de supersymétrie : réunion de la relativité générale et de la mécanique quantique), mais... patience !

– La théorie de l'inflation (problème de l'horizon et de la platitude), mais... patience !

Oui, patience ! Il s'est écoulé 20 ans entre la découverte des ondes gravitationnelles et la possibilité de les observer !

Patience ! Cette voie est plus que prometteuse pour nous permettre d'emprunter le bon chemin de la connaissance, alors, en attendant, ne faisons pas n'importe quoi dans le seul but de satisfaire les egos de certains.

(Quelques références qui m'ont bien aidé :
Marc Henry, « L'eau et la physique quantique », Dangles éditions 2016.
The Gale Encyclopédia of Science, Gale Group, 2000.
Planck Collaboration, « Planck 2015 results. XIII. Cosmological parameters », *Astronomy and Astrophysics*, vol. 594, 2016, Table 4, article n° A13 (DOI 10.1051/0004-6361/201525830).
FAQ de WMAP, NASA.
Georges Lemaître, « Un Univers homogène de masse constante et de rayon croissant rendant compte de la vitesse radiale des nébuleuses extra-galactiques », *Annales de la Société scientifique de Bruxelles*, vol. 47, 1927, p. 49 (Bibcode 1927 ASSB... 47... 49L).
Edwin P. Hubble, « A relation between distance and radial velocity among extra-galactic nebulae », *PNAS*, vol. 15, n° 3, 1929, p. 168-173 (DOI 10.1073/pnas.15.3.168, Bibcode 1929PNAS...15..168H).
Helge Kragh, *Masters of the Universe. Conversations with Cosmologists of the Past*, OUP Oxford, 2014, p. 210.
Fred Hoyle http://www.bbc.co.uk/science/space/universe/scientists.
Helge Kragh, « What's in a Name: History and Meanings of the Term "Big Bang" », *arXiv*, janvier 2013 (Bibcode 2013arXiv1301.0219K, arXiv1301.0219.
Jean-Pierre Luminet, « L'Invention du BigBang », dans Jean-Pierre Luminet et Andrey Grib (éd.), *Essais de cosmologie : Alexandre Friedmann et Georges Lemaître*, Paris, Le Seuil, coll. « Sources du savoir », 1997, 337 p. (ISBN 2-02-023284-7, OCLC 38723848, notice BnF n° FRBNF36698362).
Raghunathan Srianand, Patrick Petitjean et Cédric Ledoux, « The microwave background temperature at the redshift of 2.33771 », *Nature*, vol. 408, 2000, p. 931-5.
Les trois premières minutes de l'univers et *La première seconde,* ouvrages de Steven Weinberg et Hubert Reeves.

Leo Stodolsky, *Some neutrino events of the 21st century*, in *Neutrino astrophysics*, comptes rendus du quatrième atelier SFB-375, château de Ringberg, Allemagne, 20-24 octobre 1997, pages 178-181, « astro-ph/9801320 ».

Georges Lemaître, « The beginning of the World from the point of view of quantum theory », *Nature*, vol. 127, 1931, p. 706.

Alan H Guth, « Eternal inflation and its implications ».

« L'idée de BigBang », l'Observatoire de Paris.

Georges Lemaître : « Ciencia y Fe en el Padre del Bing Bang ».

Robert Woodrow Wilson, « *Discovery of the cosmic microwave background* », dans *Modern cosmology in retrospect*, éd. B. Bertotti. Cambridge University Press (1990), p. 291-307.

Edward L. Wright, « *Errors in the Steady State and Quasi-SS Models* ».

Jean-Claude Pecker, « Big Bang ? Pas BigBang ? – Le débat sur les origines de l'Univers », sur le site du cercle zététique.

Jean-Marc Bonnet-Bidaud, « BigBang : pourquoi il va exploser », *Ciel et Espace* n° 412, octobre 2004.

Christian Magnan, « Questions de cosmologie » et « Les gros mensonges des cosmologistes ».

« BigBang : il n'a peut-être jamais eu lieu », *Science et Vie* n° 1063, avril 2006.

S. S. Pie XII, « Les preuves de l'existence de Dieu à la lumière de la science actuelle de la nature », discours prononcé à l'Académie pontificale des sciences le 22 novembre 1951, trad. parue dans La Documentation catholique, n° 1110, 16 décembre 1951.

Georges Lemaître, « *Je pense que quiconque croit à un être suprême soutenant chaque être et chaque acte croit aussi que Dieu est également caché, et peut se réjouir de voir comment la physique actuelle fournit un voile cachant la création* », manuscrit non publié, 1931.

Discours prononcé par S. S. Pie XII lors du congrès de l'union astronomique internationale à Rome (Italie), le 7 septembre 1952, trad. française dans *La Documentation catholique*, n° 1131, 5 octobre 1952.

F. Combes, *Le BigBang*, Paris, Humensis, coll. « Que sais-je ? » (n° 4123), 13 fév. 2019, 1re éd., 1 vol., 126 p., ill., 18 cm (ISBN 978-2-13-080474-1, EAN 9782130804741, OCLC 1088416279, notice BnF n° FRBNF45684570, SUDOC 234396660.)

Maintenant, plongeons sur les neurosciences.
Les affirmations des neuroscientifiques sont très représentatives des précautions qu'il faut prendre avant de certifier qu'une observation génère avec certitude une conséquence précise.

En effet, en 1973, Benjamin Libet, scientifique chercheur à l'université de Californie, réalise une expérience dont les résultats feront couler beaucoup d'encre, et durant longtemps.

Il plaça des êtres humains, sujets d'expérience, devant une horloge et leur demanda d'effectuer un geste simple, fléchir le poignet. Ils devaient réaliser ce mouvement à leur convenance, au moment qui leur convenait.

Leurs crânes étaient équipés d'électrodes qui enregistraient leur activité cérébrale.

Chacun se sentait libre d'effectuer le geste et décidait donc, sans contrainte, de le réaliser : « La décision produit l'action. » Seulement voilà, ce n'était pas ce qu'enregistraient les électrodes… Avant que l'humain ait décidé de réaliser son action, une activité cérébrale (nerveuse) est détectée, et ce, en temps anticipé de sensiblement 0,3 seconde. Concrètement, le cerveau a lancé le geste avant que l'humain ait décidé de le faire.

Libet en tira la conclusion suivante : c'est le processus cérébral qui détermine la décision, décision inconsciente à ce moment pour le sujet. En complément, il suppose que dans le temps restant (0,3 s) la conscience peut agir sur le déroulement de l'action en, par exemple, suspendant le mouvement.

La méthodologie fut critiquée, l'expérience fut refaite par plusieurs chercheurs, notamment par l'illustre neuroscientifique britannique Patrick Haggard, et une fois de plus ils obtinrent des résultats similaires, et même des durées d'anticipation plus importantes.

Forts de ces résultats, nombre de neuroscientifiques affirmèrent aux oreilles des philosophes et autres esprits éclairés, que : « le libre-arbitre n'est qu'une illusion ».

Non seulement le déterminisme l'emportait, mais la neuroscience venait de démontrer sa capacité à répondre aux questions existentielles.

Vous vous en doutez, la mariée était trop belle.

Elle était trop belle, certes, mais il fallut presque 40 ans à la neuroscience pour démontrer que le libre-arbitre avait encore de beaux jours devant lui.

« Le libre arbitre consiste à pouvoir inscrire notre comportement dans un système de significations que l'on se donne à soi-même, et pouvoir agir en fonction de ce système dans une temporalité longue » précise Bernard Feltz, professeur émérite en philosophie des sciences de l'U.C. Louvain, actuel représentant de la Belgique au sein du Comité intergouvernemental de Bioéthique de l'UNESCO. Ce projet, débuté en 2013 et développé dans le contexte d'une « Action de Recherches Concertées » de l'U.C. Louvain, tente de définir si les êtres humains sont capables d'échapper au déterminisme biologique strict.

C'est dans un premier ouvrage : « Free Will, Causality and Neurosciences » que le Pr B. Feltz, coordinateur, avec le Pr Marcus Missal et le Dr Andrew Sims de l'Institute Of NeuroScience de l'U.C. Louvain, font le point sur le travail d'un collectif international de chercheurs, qui, grâce à la neuroscience, étudie les comportements de l'être humain. (« Free Will, Causality and Neurosciences », par Bernard Feltz, Marcus Missal et Andrew Sims. Éditions Brill. **Version numérique en accès libre**).

Libre-arbitre contre déterminisme :

Pour les uns, l'humain peut douter, il est donc libre ; pour les autres, il est conscient de ses désirs, mais ignorant des causes ; pour d'autres encore, la signification pour l'homme est différente de celle de Dieu, et cetera, et cetera, et cetera.

Il n'était qu'illusion pour les scientifiques jusqu'à depuis peu, mais aujourd'hui, le libre-arbitre semble avoir retrouvé des couleurs ! En effet, le Pr Feltz n'hésite pas à affirmer que grâce aux dernières découvertes neuroscientifiques en matière d'apprentissage, la théorie du déterminisme spinoziste n'est plus tenable.

Autant, en 1973, le libre-arbitre avait été mis K.O. debout, autant en 2013, c'est le déterminisme strict qui est jeté aux oubliettes. En voici la raison : « Notre cerveau est biologiquement programmé pour apprendre, mais cet apprentissage a aussi un impact sur sa biologie. Le cerveau est ainsi autant le produit de notre génome que de nos comportements, de notre histoire. L'idée d'un Déterminisme Biologique Strict n'est donc plus défendable », affirme le Pr Feltz.

Parmi les différents types d'apprentissages, la capacité à apprendre à parler est innée, mais cette activité influencera l'organisation du cerveau de l'apprenant. Ce qui différencie vraiment le langage des autres pratiques humaines est qu'il serait la clé pour accéder au libre-arbitre : « *C'est un système logique qui permet une représentation de la réalité (le mot "lion" ne veut rien dire en soi, c'est un concept abstrait construit pour évoquer un animal réel). Il ouvre aussi la porte à l'imaginaire, à la création, puisqu'on peut parler de choses qui n'existent pas. Enfin, la langue offre la possibilité d'inscrire nos comportements dans une temporalité longue et d'anticiper les choses ("dans 6 mois", "tout de suite", "plus tard", etc.)* » *Quelle que soit la langue apprise, elle donne à l'être humain la possibilité de représenter, imaginer, distancer et anticiper le réel. Apprendre à communiquer apporte une certaine maîtrise sur nos comportements, sur notre environnement, et donc à nouveau sur nos comportements. Grâce au langage, nous sommes capables d'articuler nos pensées et actions sur le long terme avec un objectif souhaité.*

Selon nous, le monde n'est pas construit sur une logique de « tout » ou « rien », où l'humain est soit absolument libre, soit totalement déterminé. Nous serions en réalité dans un système de contraintes, mais qui laisse une marge de manœuvre, que l'on peut exploiter au travers du langage », conclut Bernard Feltz.

Ainsi donc, nous partons d'un Déterminisme Biologique Strict (DBS), base de conception de l'être humain pour, dès le début de l'apprentissage, le voir disparaitre !

Ce nouvel état est-il partiel ? Devient-il permanent ?

Est-ce que cet indéterminisme ouvre la porte du libre-arbitre ? Permet-il seulement d'y accéder ? N'y a-t-il aucune relation de causalité ?

Jusqu'à peu avant sa mort (2007), Benjamin Libet ne cessera d'explorer la conscience et la liberté, et notamment la conscience d'ordre supérieur. »

Ce petit paragraphe n'est qu'un résumé qui, comme tous les résumés, ne donne qu'une envie : celle de connaître son développement. Bien sûr, ce serait décevant, car le principe d'un résumé est de faire un condensé des éléments intéressants en un minimum de lignes et, a contrario, un développement est bien souvent fastidieux ! »

Chapitre 5

Il leur fallut du temps pour répondre à cette question : faire ou ne pas faire d'enfant ? Et bien sûr, une fois décidée provisoirement, il leur fallut se plier à la contrainte fondamentale : expliquer pourquoi. C'est après, seulement après avoir surmonté cet exercice de raison, que John et Elena pourront considérer avoir pris une décision définitive. Il leur fallut un mois, trente jours de discussions, d'émissions d'hypothèses... trente jours de fictions plus ou moins agréables pour y parvenir.

Oui, ils allaient donner vie à un enfant, mais à un seul. Était-ce par besoin de perpétrer ce qui leur semblait être une bonne lignée ? Était-ce pour satisfaire l'impérieux besoin de procréer qui, tout à coup les assaillait et naturellement plus Elena que John ? Était-ce par mimétisme ? Était-ce par... des centaines de questions s'étaient imposées à eux et aucune n'était restée sur le bas-côté du chemin, sans réponse.

Parmi elles, apparue celle du libre-arbitre de cet enfant. Allait-il pouvoir s'exprimer selon sa volonté ? Voici les termes de leur conclusion :

« Afin de ne pas être pollué par le monde extérieur et les éventuelles contraintes générées par son vécu, compris dans le ventre de sa mère, seul l'enfant en âge de prendre une décision, mais encore vierge de toute conscience du monde extérieur, compris celles de ses parents, possède un réel libre-arbitre et peut en user. »

Cette affirmation étant posée, ils l'avaient immédiatement remise en question en en posant une nouvelle : est-ce que ce sera le cas ? Mais pour répondre à celle-ci, pas de discussion acharnée : « non, car sa nature est sous totale contrainte de corps et en partie d'esprit. Il n'a pas conscience de sa nature ni de celle de son environnement. »

Voilà qui n'allait pas lui laisser une grande marge de manœuvre ! Enfin, c'était ce qu'ils supposaient.

L'avantage d'explorer les évènements, qu'ils soient du passé, dans l'actualité ou qu'ils soient envisagés dans le futur, est qu'ils faisaient tout pour que rien d'important ne passe entre les mailles de leurs réflexions. Ainsi, ils étaient parfaitement conscients que sa présence risquait de générer dans le couple mère/enfant l'émergence de tentatives d'état égocentrique. Exemple : « Je t'aime plus que tout, nous nous aimons plus que tout, nous sommes heureux. Et il en sera ainsi tant que nous resterons dans cette situation. En conséquence, nous séparer nous rendra malheureux. »

Il y avait deux autres sortes de contingence psychologique qui risquaient de faire parler d'elles avec le temps : l'incidence du prénom sur la personnalité de l'enfant, et surtout, un possible héritage de leurs aïeux qui, sous la forme d'une bibliothèque sensitive ancestrale, pourrait remonter automatiquement à la surface lorsqu'un évènement phénoménal compatible avec elle se présenterait.

Les voici dans les réponses de nature inconsciente, celles qui ne dépendent pas directement de la raison de la personne concernée, donc qui ne relèvent pas de son libre-arbitre.

Avant d'en avoir la certitude, ils avaient décidé que si c'était une fille, elle s'appellerait Anna et Matthew si c'était un garçon. Ce fut Anna qui s'imposa. D'ailleurs, d'enfant à adulte, ce fut toujours le cas. Finalement, elle décida elle aussi de soigner, mais elle préféra le faire pour les animaux. Comme elle était, et est encore, une excellente cavalière, c'est naturellement qu'elle se spécialisa dans le traitement des équidés.

Elle aussi suivait et participait à l'étude, en continu, de l'être humain, ainsi qu'à la question existentielle qui lui collait à la peau : possède-t-il le libre-arbitre, et peut-il en user ?

Sa jeunesse, sa fougue, sa débordante énergie faisaient merveille lorsque John bloquait et que sa femme ne trouvait pas la clef libératrice. Oui, dans ces cas-là, la vision décalée d'Anna était prodigieuse. Si elle ne trouvait pas la fameuse clef, elle n'hésitait pas à jeter à la poubelle le cadenas, et même, si besoin, la boite qu'il condamnait. Quant à insister anormalement alors qu'aucune lumière salvatrice ne pointait au bout du tunnel, ce n'était pas son état d'esprit. Lorsqu'une voie était bloquée, il fallait en changer. Il n'y en avait pas ! Alors il fallait au moins en créer une, et une deuxième si possible, pour le cas où. Encore aujourd'hui, presque vingt ans après son entrée dans le monde des adultes, elle a toujours la même impétuosité. A-t-elle donné la vie ? Non, et elle n'envisage pas de le faire. Volontairement, Elena et John ne lui ont pas demandé d'explication, et elle a bien compris que ce n'était pas par désintérêt de leur part. Elle ne s'est pas mariée non plus. Ce n'est pas qu'elle n'envisage pas de vivre une relation durable, mais dans le mariage, elle ne voit qu'une organisation sociétale qui est loin, très loin d'avoir prouvé son efficacité. Si nous avons besoin d'une preuve, voici le constat : un couple sur deux divorce.

Pour autant, elle vit avec le même compagnon depuis plus de quinze ans, lui aussi est vétérinaire. Il est une évidence : ils sont très heureux comme ça. Les seules difficultés qu'ils rencontrent sont toujours les mêmes, de nature administrative et comptable... Eh oui, les fonctions publiques adorent les célibataires qui gagnent bien leur vie.

Lorsque John lui a demandé si elle pensait avoir pris ses décisions majeures en usant de son libre-arbitre, elle lui a fait une réponse digne d'Anna Delatour :

« C'est effectivement ce que j'ai ressenti concernant mes trois prises de décisions les plus importantes, mais dans le temps où je les pensais, je savais que mon cerveau me trompait. Il y avait trop de contraintes sous-jacentes dans mes éducations pour que je suppose avoir décidé librement. Suite à ta participation à l'expérience de Milgram et surtout aux résultats que tu as qualifiés d'effrayants, tu as décidé de changer l'orientation de tes études de médecine. Moi, j'ai préféré soigner les animaux. Avec maman, vous avez décidé de faire un enfant, mais après avoir longuement réfléchi... moi, j'ai décidé de ne pas en faire. Dans votre travail, vous avez toujours décidé de préserver la liberté de vos convictions comme étant un incontournable. C'est ce que j'ai aussi fait dans ma vie de couple. Maintenant, si je regarde bien au niveau de mes grands-parents, le moins que l'on puisse dire, c'est que je suis leur digne descendante. »

Chapitre 6
La Philosophie

« Afin d'éclairer la notion de libre-arbitre, voici venu *La Philosophie* ou si vous préférez *L'amour du savoir*. Elle a pour fondement la compréhension du monde, celle de la vie par le raisonnement, par la critique et par la critique de la critique. En recherche permanente de la vérité, elle s'intéresse à tout, compris l'irrationnel, car sa cause est nécessairement, elle, rationnelle.

Isolée, la philosophie n'existe pas.

Pour être pleine et entière, elle se doit d'être partagée et de subir le dialogue.

Pour être pleine et entière, elle se doit de constater, analyser, critiquer, d'émettre des hypothèses et de les concrétiser. Les soi-disant philosophes qui s'abstiennent de certaines de ces phases ne sont pas, ne sont pas encore, voire, ne sont plus des philosophes.

À ces affirmations, certains crieront *au loup !* D'autres ne voudront pas en lire plus, d'autres encore se sentiront blessés, meurtris...

Réagissez ! Réagissez sans crainte ni réserve, le dialogue est ouvert.

Platon :

« *Connais-toi toi-même.* »

Célèbre inscription gravée sur le fronton du temple de Delphes qui a été reprise, largement commentée et interprétée par les philosophes grecs, notamment par Socrate : « *Tout ce que je sais, c'est que je ne sais rien.* »

Concernant le libre-arbitre, nous serions tentés d'affirmer : « tout est dit ».

Aristote :
Métaphysique :
« (...) de même que l'humain qui a la fin en lui-même et non aucun autre profit, à ce que nous disons, est libre, de même nous la recherchons [la sagesse, science des causes premières et des premiers principes] dans l'idée qu'elle est la seule science libre, car cette science est la seul à avoir sa fin en elle-même. » (982 b, 25.)

Éthique à Nicomaque :
« Le principe de l'action morale est le libre choix. » (VI, 2, 1139 a.)

René Descartes :
Principes de la Philosophie :
« Que la principale perfection de l'homme est d'avoir un libre arbitre, et que c'est ce qui le rend digne de louange ou de blâme. (...) on doit nous attribuer quelque chose de plus, de ce que nous choisissons ce qui est vrai, lorsque nous le distinguons d'avec le faux, par une détermination de notre volonté, que si nous y étions déterminés et contraints par un principe étranger. »

Méditations métaphysiques :
« (...) pour affirmer ou nier, poursuivre ou fuir les choses que l'entendement nous propose, nous agissons en telle sorte que nous ne sentons point qu'aucune force extérieure nous y contraigne. » (Méditation IV, p. 145.)

« (...) il n'y a néanmoins personne qui, se regardant seulement soi-même, ne ressente et n'expérimente que la volonté et la liberté ne sont qu'une même chose, ou plutôt qu'il n'y a point de différence entre ce qui est volontaire et ce qui est libre. Réponses aux troisièmes objections, » (p. 316.)

« *La vérité est à découvrir et non à construire, le probable n'est jamais probable* ».

Emmanuel Kant :
Fondements de la métaphysique des mœurs :
« (…) *la volonté dans toutes les actions est à elle-même sa loi, n'est qu'une autre formule de ce principe : il ne faut agir que d'après une maxime qui puisse aussi se prendre elle-même pour objet à titre de loi universelle. Mais c'est précisément la formule de l'impératif catégorique et le principe de la moralité ; une volonté libre et une volonté soumises à des lois morales sont par conséquent une seule et même chose.* » (p. 128.)

Friedrich Nietzche :
Ainsi parlait Zarathoustra :
« *Je ris de votre libre arbitre et aussi de votre serf arbitre ; ce que vous nommez volonté me semble pure chimère, il n'y a point de volonté.* »

Le Crépuscule des idoles
« *Si l'on a conçu les hommes libres, c'est à la seule fin qu'ils puissent être jugés et condamnés, afin qu'ils puissent devenir coupables.* »
« *Deviens ce que tu es, c'est-à-dire ce que tu n'es pas* ».

Martin Heidegger :
« *La question de l'essence de la liberté humaine est la question fondamentale de la philosophie, où même la question de l'être est engagée.* »
« *L'essence de la vérité est la liberté.* »

Arthur Schopenhauer :
« *L'homme est un être déterminé une fois pour toutes par son essence, possédant comme tous les autres êtres de la nature des qualités individuelles fixes, persistantes, qui déterminent nécessairement ses diverses réactions en présence des excitations extérieures.* »

Désolé monsieur Arthur Schopenhauer, mais le cerveau n'est pas un élément figé. Exemple : l'apprentissage a un impact sur sa biologie.

Jean-Paul Sartre :
L'existentialisme est un humanisme :
« (…) l'homme est condamné à être libre. »

Albert Camus :
Le mythe de Sisyphe :
« Savoir si l'homme est libre commande qu'on sache s'il peut avoir un maître.

(…) ou nous ne sommes pas libres et Dieu tout-puissant est responsable du mal. Ou nous sommes libres et responsables, mais Dieu n'est pas tout-puissant. » (p. 81.)

Donald Hebb : Psychologue et neuropsychologue, 1904 -1985
Selon lui, le libre-arbitre est tout simplement impossible, car nous ne pouvons influencer les neurones. En explication, il nous assène la nécessaire cohérence des différentes sciences en affirmant :

« *Il est impossible d'être déterministe dans l'une (physique), et mystique dans l'autre (biologie)* ». Référence : The Organisation of Behaviour : a Neuropsychological Theory.

Désolé monsieur Donald Hebb, mais en physique quantique le déterminisme n'est pas tenable.

Baruch de Spinoza :
« *La liberté n'est que l'ignorance des causes qui nous déterminent.*

Le libre-arbitre est une illusion qui vient de ce que l'homme a conscience de ses actions, mais non des causes qui le déterminent à agir.

La vraie liberté consiste donc à briser l'illusion que nos pensées sont libres. »

Maïmonide :

« *Sache que l'âme de l'homme est une, mais que ses opérations sont nombreuses et diverses et que certaines d'entre elles sont parfois appelées âmes, ce qui peut faire croire que l'homme a plusieurs âmes, comme le croient, en effet, les médecins ; c'est ainsi que le plus illustre d'entre eux (Hippocrate) commence (son ouvrage) en disant que les âmes de l'homme sont au nombre de trois, l'âme naturelle, l'âme animale et l'âme spirituelle.*

On les appelle aussi parfois facultés ou parties, de sorte que l'on dit les parties de l'âme.

Et ces appellations sont souvent employées par les philosophes ; cependant, en parlant de parties, ils n'entendent pas que l'âme se diviser à la manière des corps, mais ils énumèrent seulement par-là ses actes divers, lesquels sont à l'égard de l'âme tout entière comme les parties à l'égard du tout. »

« *La raison que Dieu a fait émaner sur l'homme, et qui constitue sa perfection finale, est celle qu'Adam possédait avant sa désobéissance, c'est pour elle qu'il a été dit de lui qu'il était (fait) "à l'image de Dieu et à sa ressemblance", et c'est à cause d'elle que la parole lui fut adressée et qu'il reçut des ordres, comme dit (l'Écriture) : "Et l'Éternel, Dieu ordonna, etc." (Genèse 2:16), car on ne peut pas donner d'ordres aux animaux ni à celui qui n'a pas de raison.* »

Dans le domaine des causes qui déterminent nos pensées, nous constatons la présence de plusieurs grandes familles philosophiques :
– la philosophie des sciences (l'épistémologie) ;
– la philosophie religieuse ;
– la philosophie sociologique.

Et il est difficile de les observer et de les analyser en les isolant les unes des autres, voire, le faire créerait un non-sens.

Au XIXe et XXe siècle, nombre de sociologues, philosophes et médecins ont mis en évidence les causes qui déterminent nos pensées (Marx, Freud, Bourdieu, et cetera). Mais j'imagine que, plus précisément, ce sont les logiques et les organisations de ces causes qui nous mènent à nos pensées.

Certifier que les causes déterminent nos pensées, c'est imposer cette affirmation comme étant une généralité. C'est donc imposer que, contrairement à nos ressentis et notre volonté, la notion de particularité nous échappe ou qu'elle ne nous est pas accessible.

Pourtant, rien ne nous empêche de penser différemment les uns des autres, même si nos raisonnements nous emportent loin des sentiers battus. Même si, finalement, nous constatons que nous sommes radicalement différents et que ce constat nous impose de nous mettre en marge de la société dans laquelle nous vivons, donc dans celle où nous vivions. Mais nous en dépendons toujours, et nous sommes quasi incapables de vivre isolés.

Cela signifie-t-il que se servir de ses capacités à raisonner est suffisant pour être une particularité ?

Si oui : prenons conscience de nos possibilités, de nos capacités, et surtout, de notre volonté à penser et agir sans chercher à copier les autres, sans le faire en donnant la priorité à notre fainéantise naturelle, car, là encore, établir des concepts demande de faire un effort... ce qui ne semble pas être notre premier choix, notre premier levier pour évoluer positivement.

Si non : cela signifierait que quoique nous pensions, quels que soient nos désirs, nos envies et peut-être nos besoins, nous sommes enfermés dans un paradigme hermétiquement clos.

Qu'une part de nos pensées soit pré structurée par les éléments que nos sens prédéterminent, c'est évident et même certain, car ces derniers sont constamment stimulés de la même manière. Maintenant, imaginons qu'un bon orateur excite nos mêmes sens, mais différemment, notre conditionnement perdra de son pseudo-naturel et nous choisirons une autre voie, et pas nécessairement celle de l'orateur. Il aura simplement créé une brèche dans la contrainte qui nous retenait prisonniers.

De même, hors le contexte analytique, les émotions ne sont-elles pas la cause génératrice d'une grande partie de nos prises de conscience, donc des causes qui déterminent nos pensées ?

Concrètement, nous voulons tous être différents les uns des autres, mais nous nous trouvons bien à rouspéter, faire, penser ou désirer comme les autres, ensemble, dans la même portion de ce fameux tronc commun... étrange ? Non, le besoin de clanisme s'impose à l'immense majorité des êtres humains.

Alors oui, les causes déterminent nos pensées, mais hors les effets de nos émotions. Cela est surtout vrai pour ceux qui n'ont pas envie ou pour ceux qui n'ont pas encore pris conscience de leurs capacités et de leurs possibilités à se remettre en cause, à se mettre en scène. C'est surtout vrai pour ceux qui n'ont pas encore accepté leur passé et leurs histoires afin de pouvoir vivre sereinement leur futur, ceux qui n'ont pas encore accepté d'être des individus aptes à apporter leurs pierres à leur propre édifice. Leur passé les entrave ! Ce constat fait, qu'ils n'oublient pas : « Nous ne grandissons qu'en écrasant de nos pieds nus les braises encore incandescentes laissées par nos erreurs du passé. »

Face à cette difficulté qui semble insurmontable, voici venu : « Dans le meilleur des cas, nous tendons vers l'idéal, nous prenons le chemin qui mène à ce modèle de référence, tout en sachant que jamais, absolument jamais, nous ne l'atteindrons. »

Pourquoi accepter de subir ce que nous savons être des tentatives de conditionnement ?

Nous en avons tous conscience, mais nous les acceptons. Pour les uns certainement par facilité, et pour les autres par plaisir.

Pour exemple : que ce soit l'organisation de la politique de gestion de notre pays ou la publicité de nos chers produits de consommation, le principe de manipulation est toujours présent et nous en avons pleinement conscience.

En publicité, c'est par le plaisir. Elle nous procure d'agréables sensations, de vives émotions, parce qu'elle répond à ce qui pourrait être nos attentes et, en plus, elle l'affiche parée de pures beautés ! Mais une fois de plus, ce sont nos émotions qui sont visées, pas nos réelles attentes.

En politique... non, dans ce domaine, nous avons atteint un degré tel, qu'il est plus simple de faire le constat que nous pataugeons dans le ridicule ! Que ce soit aux USA ou en France, nos modes de gestion nous feraient pleurer de rire si les conséquences qui en découlaient n'étaient pas si graves. Aussi, vouloir rectifier les grandes orientations en élisant John, Agatha ou Michaël pour les uns, et Martine, Pierre ou Paul pour les autres ne changera rien, et nous le savons parfaitement. Nous avons envie de ce changement, mais seulement pour nous satisfaire de cette idée, car nous savons que dans le meilleur des cas, il se fera à la marge, et que celui-ci sera finalement très léger.

Aussi, voici une proposition de gouvernance radicalement différente. Je l'ai d'abord établie pour la France, mais elle peut, elle doit être adaptée aux particularités de chaque pays. À ce jour, elle est refusée par les politiciens de tous les bords. Ils la trouvent évidente et naturelle, et font même le constat qu'elle tutoie l'idéal ! Mais ils n'en veulent surtout pas, car elle fait appel à la raison, à l'analyse de la prise de décision dans sa globalité, parce qu'elle s'attache à régler et surtout anticiper les éventuels problèmes et, bien sûr, qu'elle refuse le culte de la personnalité porté et caché par le principe des partis politiques.

La voici, lisez-la, laissez votre esprit s'en imprégner, prenez le temps de la digérer... et une fois fait, posez-vous cette question : hors les contingences de nature technique, est-elle recevable ?

LE LIBRE-ARBITRE

UNE SOLUTION EXISTE

PRINCIPE

L'homme se nourrit du passé pour construire l'avenir... en tout cas, c'est ce qu'il affirme. Mais est-ce bien la réalité ?

Faire référence à l'histoire nécessite de nous installer dans le contexte de l'époque, et d'en transposer les causes et les effets dans ce temps qui est le nôtre. Afin d'effectuer honnêtement cette opération, une question récurrente se pose : avons-nous la compétence pour imaginer les contraintes que nos aïeux devaient supporter ? Et ipso facto : combien d'entre nous ont, à ce jour, les connaissances, les capacités et la volonté d'imaginer et construire un monde nouveau ? De l'imaginer en ne reproduisant pas les erreurs du passé, en rectifiant celles que nous réalisons maintenant et en supposant les futurs que nous allons fatalement accomplir ?

Soyons certains que quelques-uns en sont capables.

Mais parallèlement à ce que nous devons nous imposer comme *religion* pour y parvenir, il ne nous faut pas occulter cette certitude : « Il est nécessaire d'être un visionnaire idéaliste pour imaginer une généralité, mais le sens et la direction sont donnés par la connaissance et l'expérience de la réalité, c'est ce que l'on appelle la conscience. Cette conscience est la capacité de se percevoir, de s'identifier, de penser et de se comporter de manière adaptée, notamment dans notre environnement. Elle est ce que l'on sent et ce que l'on sait de soi, d'autrui et du monde. En ce sens, elle englobe l'appréhension subjective de nos expériences et la perception objective de la réalité. »

En conséquence...

L'être doté de conscience est capable d'organiser et de diriger l'avenir.

Certains pourraient douter de notre capacité à agir avec conscience, et, au vu de nos non-actions suicidaires en matière d'environnement, ils pourraient bien avoir raison !

Certains pourraient considérer que quoi que nous fassions, la cause est perdue, et ce depuis le néolithique... période où l'agriculture et l'élevage ont vu le jour.

Certains préféreraient accepter la domination du cortex par le striatum à grands coups de dopamine, comme le faisaient nos ancêtres Cro-Magnon (nous savons qu'à cette période, prendre immédiatement et un maximum était un gage de survie, ce qui n'est plus le cas aujourd'hui). Mais pour ces dominés des temps modernes, que nous connaissons trop bien, rien ne prévaut au plaisir de la satisfaction immédiate. Toutefois, les hommes dits modernes semblent ne pas se rendre compte que le plaisir n'est pas le bonheur, que les délices du corps et des sensations ne génèrent pas la paix de l'esprit... ou sur une période très courte, ce qui les rend hautement et machiavéliquement illusoires.

Certains plongent dans le monde virtuel... d'autres ne jurent que par... et il y a beaucoup de ces autres, trop d'ailleurs pour les recenser tous sans en oublier.

Soyons plus réalistes. Je vous propose d'observer et de constater ce que nous faisons jour après jour, dans notre quotidien, ainsi que dans les ressentis qui nous habitent. Une fois cette analyse réalisée avec honnêteté, tentons de répondre à ces questions :

Nos besoins primaires sont-ils satisfaits ? Si oui, à quel prix pour l'environnement ?

Ressentons-nous l'angoisse du futur ?

Ressentons-nous l'angoisse du futur pour nos enfants, pour nos petits-enfants ?

Face à notre certitude d'avoir réalisé le mieux possible pour nos descendants, supportons-nous l'idée de nous remettre en cause et d'accepter la critique qui normalement en découlera ?

Nous pensons peut-être que nous aurions pu mieux faire, mais que l'éducation et l'instruction que nous leur avons données leur permettront d'être plus efficaces que nous, et surtout plus efficients... n'est-ce pas notre objectif ?

Dans un domaine différent, n'avons-nous pas tendance à élire nos représentants en leur déléguant toutes les responsabilités nécessaires à la bonne gestion des affaires, mais sans plus nous en occuper, sauf à les critiquer lorsqu'ils ne réalisent pas ce que nous aurions voulu qu'ils effectuent, mais finalement sans le leur avoir demandé ?

Avouez que c'est un bien drôle de jeu que nous nous imposons-là ! Je vote aux élections présidentielles pour une candidate ou un candidat sur la base d'une liste de propositions qu'il ou elle a rédigée avec un grand savoir-faire, une liste qui laisse supposer que... mais dont nous ne savons finalement rien de ce qui se cache derrière ces jolies phrases. Chacun d'entre nous aura tendance à imaginer qu'il va les mettre en œuvre de telles manières ou telles autres, et que les conséquences à court, moyen et long terme seront... Difficile d'être plus vague, même lorsque les propositions se veulent être précises. D'ailleurs, c'est certainement dans ces cas-là que les désillusions sont les plus importantes. Que penser aussi des jeux de rôle qui nous sont présentés par ces artistes hors pair ? En effet, n'oublions pas que, ils ou elles jouent un rôle afin de gagner cette compétition, même s'ils s'en défendent ! Et combien traitent les autres candidats d'incapables pour, une fois les élections terminées, se mettre au service de l'incapable gagnant ?

La subtilité dont ils doivent faire preuve est de mettre en œuvre une action en nous laissant penser qu'elle est ce que nous voulions, qu'elle correspond à notre besoin, alors que rien ne l'affirme ni ne l'infirme.

Sommes-nous condamnés à accepter ce que les élites nous imposent sans même avoir recueilli nos avis ?

Sommes-nous condamnés à révolutionner le pays, pour finalement revenir à notre point de départ, et peut-être constater que nous avons reculé (souvenons-nous de la révolution de 1789 qui aboutit en 1804 au couronnement d'un empereur sur la demande expresse du Sénat) ?

Avons-nous atteint un niveau d'inconséquence tel que nous ne pouvons définir nous-mêmes nos besoins ?

Honnêtement, je ne le pense pas, pour preuve : par le monde, les évènements nous montrent que les peuples sont nombreux à se mobiliser avec pour objectif de faire différemment.

Reprenons les questions que nous venons de nous poser et apportons-leur des réponses simples et cohérentes. Apportons-leur des réponses issues d'un seul organe de décision afin que, pour une fois, la majorité des citoyens s'exprime d'une seule et même voix. Mais réalisons cette action en hommes et femmes libres et responsables, en citoyens conscients des dangers qui s'organisent sous nos yeux dans l'unique but de satisfaire nos besoins de primates. Soyez certains d'une chose, si ces besoins s'imposent à nous, ils auront pour conséquences non seulement la destruction de nos capacités à penser avec créativité, mais aussi, et surtout, la destruction de l'environnement de nos descendants.

Vous devez vous poser une multitude de questions, et peut-être avez-vous trouvé une solution plus pertinente que celle que je vais vous proposer ! Si c'est le cas, faites-en valider la possibilité et faites-la connaître, car une chose est certaine, je ne prétends pas détenir « LA » solution.

Mais pour l'instant, voici celle que je vous propose :

Tout d'abord, repositionnons les personnes au niveau où elles doivent naturellement se trouver.

Commençons par les citoyens. En ce qui les concerne, la chose est simple :

« **Ils sont les réels dirigeants** ». Cette certitude, nul ne peut la contester. Aussi, positionnons-les à leur juste place en créant un *Comité*

de citoyens. Il aura pour mission de définir l'avenir que nous voulons vivre ou éviter, à court, moyen et long terme.

De quelles personnes ce ***Comité de citoyens*** sera-t-il constitué ?

Des représentants de toutes les catégories sociales et professionnelles qui composent les habitants de notre pays. La composition minimum d'une catégorie sera : une femme et un homme, dont un mature et une jeune, ou inversement bien sûr.

Quels seront les champs d'action de ce ***Comité de citoyens*** ?

Tous les thèmes majeurs de notre société. En réalité, tous ceux qui n'ont jamais été traités en profondeur et dans la durée par nos présidents (tous ceux qui ne s'intégraient pas d'une manière avantageuse dans leur mandat !) Ces études devront être revisitées chaque année afin que nous soyons réactifs face aux aléas qui surviendront, et de façon à modifier nos orientations si nous constatons que nous nous sommes fourvoyés ou que nous nous sommes trompés de chemin.

Qui sera chargé de mettre en œuvre les décisions du ***Comité de citoyens*** ?

L'exécutif sera sous les ordres d'un professionnel de la gestion publique et des affaires internationales.

Quel sera le positionnement du ***Comité de citoyens*** ?

Il sera accueilli au sein du Sénat après sa nécessaire restructuration.

Concrètement, ce projet génèrerait une modification en profondeur de la gouvernance de notre pays, notamment celui du poste de président de la République. En effet, par rapport à ce qu'il est aujourd'hui, il perdrait une partie de ses pouvoirs de décision et de ses prérogatives, car rappelons-le clairement, il serait soumis à l'autorité du ***Comité de citoyens***.

Voilà qui remettrait un peu de logique dans ce qui est, aujourd'hui, un grand n'importe quoi.

J'en entends certains déjà affirmer qu'un *Comité de citoyens* ne sera pas compétent pour décider du futur... N'ayez crainte, là aussi une solution existe. Tout d'abord, il est certain que ce comité ne serait pas isolé. Il serait accompagné des meilleurs spécialistes (experts scientifiques, économiques, culturels, environnementaux...) afin de connaître le plus précisément possible les conséquences qu'engendreraient les orientations étudiées.

Ensuite, il ne faudra pas donner au *Comité* à jouer un rôle qui ne sera pas le sien, car il devra établir des principes et non des projets de loi, ce qui lui donnera sa force, et il sera bon que les orientations qu'il donnera « pour exécution » au *président* soient des principes qui ne permettent pas d'entrouvrir la porte aux contournements. Certes, avant sa mise en œuvre, le *Comité de citoyens* validera ou invalidera le projet travaillé pour exécution du *président*, car il vaut toujours mieux *éviter* que de passer son temps à combattre.

Un point sera à définir précisément, celui des représentants des catégories sociales et professionnelles. Les catégories devront être structurées afin que la représentativité des élus ne soit pas contestée. Quelle sera la durée de siège en *Comit*é ? Combien de sièges par catégorie ? etc. Toutes les questions relatives au fonctionnement du *Comité de citoyens* seraient abordées et définies par les catégories, avant élections de leurs représentants.

Maintenant, abordons un point qui ne doit pas être négligé, et qui, s'il est bien traité, permettrait une mise en place rapide et aisée de ce principe de gouvernance. Il s'agit du président de la République qui portera la charge de cette mise en œuvre. En effet, si lors des prochaines élections présidentielles vous votez pour ce projet, et que notre candidat(e) est élu(e), certes, il ou elle restera dans les annales comme étant celui ou celle qui aura permis ce changement, mais il ou elle sera aussi celui ou celle qui aura donné le pouvoir au peuple, dans toutes ses composantes. Aussi, le risque qu'il ou elle soit la cible d'extrémistes sera encore plus important que ce qu'il est aujourd'hui. Aussi, le risque de se laisser aller à la naturelle tendance à renforcer, pour ne pas dire durcir la sécurité, même pour une durée limitée, devra être contenu et maîtrisé.

Nous pouvons épiloguer, débattre, disserter, palabrer... le tout, bien sûr, avec comme objectif caché de rejeter cette solution. Car ne nous leurrons pas, un changement aussi important fait peur, c'est évident. Les intéressés au statisme peuvent argumenter que l'être humain n'est pas suffisamment mature pour gérer un tel système de gouvernance, d'autres que le risque de déviance qui nous orienterait vers un système totalitaire est trop important, d'autres que... effectivement, redisons-le, tout changement génère la peur de l'inconnu.

Mais nous ne sommes pas isolés !
Allions-nous à d'autres pays volontaires pour s'emparer et mettre en place ce projet. En effet, un tel changement ne sera pas neutre en matière de gestion des affaires étrangères, et mobiliser rapidement le plus grand nombre de pays faciliterait grandement cette mise en œuvre.
Sur cette base, voici notre appel :
« *Politiciennes et politiciens, quel que soit le pays dans lequel vous vivez, quelles que soient vos opinions, quelles que soient vos religions, quel que soit tout ce qui fait que vous êtes différents les uns des autres, créez sans délai un Comité de citoyens.*
Ce comité, constitué des représentants de toutes les catégories sociales et professionnelles de votre pays, aura pour mission d'organiser l'avenir que vous laissez à vos descendants.

Fort de ses orientations qui devront être réalisées et évaluées en continu, vous pourrez prendre, aujourd'hui, les bonnes décisions pour que demain, vos enfants et vos petits-enfants existent et vivent dans un monde agréable. »

Après en avoir discuté avec des personnes de tous bords, de toutes appartenances, de tous niveaux d'instruction, les réflexions que cette solution génère sont très souvent les mêmes : « C'est bien, c'est même évident, mais c'est utopique ! Ce ne sera jamais possible, voire ce sera dangereux ». Et à la question : « pourquoi ? » La réponse est plus que souvent : « Parce que le changement est beaucoup trop important et qu'en conséquence, cela va générer un chaos. Parce que cela démontre que les politiciens nous mentent et nous manipulent. Parce qu'en prévention, ils vont l'interdire en faisant intervenir l'armée, parce que... », et cetera.

En résumé, ce qui est exprimé, c'est la peur ! La peur dans toutes ses formes, la peur établie en principe de gestion, la peur établie en contrainte majeure potentiellement insurmontable.

En matière de contrainte, en voilà une vraie ! Mais relève-t-elle du réel ? Non, car les effets de la peur ne sont pas insurmontables, ils ne sont qu'effrayants ! De là à considérer que c'est une cause qui détermine nos pensées, non, certainement pas. Elle n'est qu'un relais de défaut de causalité, elle est l'aléa qui empêche le bon raisonnement. Elle n'est en rien une contrainte qui génère nos pensées... la contrainte, la vraie, est de ne pas surmonter sa peur, voire de ne pas chercher à la surmonter, et ce, quelle qu'en soit la raison : incapacité psychologique à traiter ce problème et/ou autres.

Nous voyons bien qu'en matière de contrainte, il y en a plusieurs, et celles qui pour Pierre sont bloquantes pour Paul ne le sont pas. Aussi, faire des cas particuliers une généralité relève de la malhonnêteté intellectuelle ou si vous préférez de la manipulation ».

Chapitre 7
La Sociologie

« En sociologie, le constat est toujours fait que rien n'est plus important pour l'être humain que le clan. Pour sa survie, il est une nécessité. Certains s'en défendent, mais en réalité peu, très peu le refusent. Le besoin de s'isoler existe, il peut même durer quelques mois, mais lorsque ce stade est dépassé, c'est souvent dans le but de créer un nouveau clan. Peut-on échapper à notre nature ? Avouez que c'est difficilement concevable, sauf si l'objectif est de provoquer l'extinction d'une race, d'un clan ou d'une lignée.

La vie en société, quelle qu'en soit la nature, a des conséquences sur notre mode de vie. Nous aimerions en avoir un qui correspond à celui d'un individu isolé, mais qui soit quand même intégré dans une organisation capable de satisfaire nos besoins et de combler nos envies. Société que l'on voudrait changer dans le but d'avoir plus et mieux demain, sans faire de concession aujourd'hui. Mais dans le cas contraire, gare à celui qui touchera à nos acquis !

Concrètement, l'être humain est un égocentrique qui désire vivre en société, mais à condition que celle-ci lui apporte. Donner à la société ? Oui, pourquoi pas, cela lui permettrait même de ressentir la satisfaction de faire le bien, mais… quand cela lui plaira, et sur la durée qui lui conviendra. Ha ! j'oubliais ! Il faudra aussi que le monde reconnaisse qu'il est un homme de bien. Et bien sûr, gare à celui qui oserait douter du bienfondé de son action, il serait capable de le tuer pour que plus personne ne doute qu'il est un être bon, un être de paix.

Quelle est l'incidence de la vie en société sur la volonté et sur la capacité de l'être humain à prendre des décisions ?

"L'homme, comme individu, semble agir avec la latitude la plus grande, sa volonté ne parait connaître aucune limite ; et cependant, plus le nombre des individus que l'on observe est grand, plus la volonté individuelle s'efface et laisse prédominer la série des faits généraux qui dépendent des causes en vertu desquelles la société existe et se conserve.

Le libre arbitre de l'homme se trouve neutralisé dans l'état social, de manière à laisser les phénomènes généraux sous l'influence des causes qui lui sont étrangères."

Adolphe Quetelet.

Force est de constater que, pour la grande majorité des êtres humains, ce constat est une réalité. Pour les autres, ceux qui sortent de l'anonymat, ceux-là semblent avoir trouvé les clefs de la bonne communication, celle qui leur est adaptée.

Ainsi, isolé ou dans un cercle familial restreint, ou encore dans une communauté limitée en nombre, l'être humain serait doté du libre-arbitre et pourrait en user. Mais dès qu'il se trouverait en société, cette capacité ne serait plus opérante ! Voilà qui limite, et de beaucoup, la possibilité d'utiliser ce fameux libre-arbitre, mais cette fois la cause en est une contrainte inhérente à la société dont il est lui-même acteur/décideur.

"L'idée de 'choix', centrale dans les sociologies à connotation plus individualiste, nous évoque bien sûr assez naturellement l'idée de libre arbitre. La dimension déterministe consiste à rappeler que les choix que nous posons ne peuvent jamais être isolés d'un contexte de déterminations sociales multiples. Toute l'histoire de la sociologie est caractérisée par un 'balancement' entre ces deux logiques explicatives."

"On pourrait dire que les conceptions déterministes sont celles qui privilégient les causes sociales qui font agir les humains : nous sommes en quelque sorte poussés dans le dos par des réalités qui nous transcendent et dont nous n'avons le plus souvent pas conscience.

À l'inverse, les conceptions favorables au libre arbitre sont celles qui vont rechercher les raisons d'agir des hommes et des femmes. Dans cette optique, les actions humaines sont décrites non pas comme 'poussées par des causes', mais comme 'tendant vers un but', donc animées par des intentions. On appelle classiquement 'actionnalistes' les théories qui mettent au centre de leurs préoccupations la reconstruction des intentions des acteurs."

"... On aura compris que cette manière de présenter le sujet de ce texte s'appuie sur une conviction épistémique personnelle forte : la sociologie ne peut pas trancher l'opposition entre déterminisme et libre arbitre. Ce n'est pas son rôle et elle n'a pas les outils pour le faire. Elle peut, par contre, construire des explications du monde social qui s'appuient plutôt sur l'un ou plutôt sur l'autre et il nous revient à tous et à toutes de juger de la pertinence et de l'efficacité de ces explications."

Marc Jacquemain

En sociologie, déterminer la cause d'un évènement, c'est pouvoir répondre aux questions : "Quand ?", "Où ?", "Comment aura-t-il lieu ?" Sans pouvoir intervenir sur son origine ni la définir précisément.

En sociologie, déterminer la raison d'un évènement, c'est pouvoir répondre à la question : "pourquoi ?" C'est pouvoir en définir l'origine et intervenir puisque nous sommes dans "l'intention".

Philippe Corcuff disait du déterminisme et du libre-arbitre :

"Les termes de cette alternative ont été déplacés dans la philosophie des Lumières du XVIIIe siècle, au sein de laquelle le lien entre l'activité de la raison et le changement de la condition humaine a été explicitement posé. Ce fil anthropologique peut alors être interprété comme une version de Spinoza déplacé par les Lumières."

Voici comment Bourdieu conclut la préface du *Sens pratique* :

"la sociologie (...) offre un moyen, peut-être le seul, de contribuer ne fût-ce que par la conscience des déterminations, à la construction autrement abandonnée aux forces du monde de quelque chose comme un sujet."

Pour l'être humain, sentir qu'il peut prendre librement ses décisions sans être contraint, tant sur le fond que dans la forme, par la société dont il est acteur est un besoin quasi obsessionnel. Pourtant, il sait que ce n'est qu'une agréable sensation de force et de pouvoir.

En effet, il est parfaitement conscient des obligations qui le contraignent, ne serait-ce que pour pouvoir assurer la sécurité de ses besoins fondamentaux :

– Besoins vitaux ou physiologiques.
– Besoins de sécurité et protection.
– Besoins d'amour et d'appartenance.
– Besoin d'estime de soi.
– Besoin de se réaliser.

Aucun de ceux-ci ne peut être satisfait, ou même seulement être ressenti comme pouvant l'être, sans qu'il soit irrémédiablement soumis non seulement à des contraintes de liberté d'agir, mais aussi à des contraintes **inconscientes et/ou indirectes** de liberté de penser et/ou de pensées ».

Chapitre 8
La Psychologie

« La psychologie...

Pouvoir prendre une décision selon sa propre volonté, quelles qu'en soient la nature et les conséquences. Pour ce faire, les premières questions auxquelles il serait nécessaire de répondre pourraient être : est-ce que notre capacité de décision est poreuse aux évènements extérieurs ? Est-ce que les différences entre humains agissent sur leur capacité à prendre une décision ?

Les réponses se trouvent peut-être dans les questions, et pour les expliquer, nous allons fleureter et peut-être patauger avec les capacités innées, la transmission génétique, les manipulations... Tiens ! En citant ces domaines, un point commun apparait. Il s'agit de subir ces contraintes, si elles en sont, sans pouvoir les modifier ni même intervenir dessus... sauf pour les manipulations qu'il faudrait sortir de cette série.

Aussi, commençons par focaliser sur la manipulation au sens large. Qu'elle soit collective ou individuelle, elle vise toujours à faire que la cible soit dominée pour qu'elle agisse en pensée comme en action conformément aux désirs du manipulateur.

« La manipulation mentale consiste en l'exploitation psychologique de quelqu'un pour atteindre un but. C'est un moyen utilisé dans les diverses relations sociales, pour influencer positivement ou négativement le choix d'autrui. L'objectif du manipulateur est de contrôler les faits, les choix ou les pensées des autres. Cette manière de faire existe sous trois formes :

La manipulation positive : C'est le premier type. On ne la perçoit pas souvent d'un mauvais œil. Elle est le fruit d'un sentiment altruiste, car elle vient d'une bonne intention. Cette forme de manipulation se manifeste par les dons de cadeaux, par des promesses pour obtenir un bon résultat de la part de quelqu'un. À titre d'exemple, un chef d'entreprise peut primer ses meilleurs travailleurs pour susciter la concurrence et motiver le reste. De nos jours, on retrouve cette forme de manipulation mentale au cœur des stratégies du marketing.

La manipulation égocentrique : Ici, le manipulateur use de tous les moyens pour être le centre d'intérêt principal. Il ne pense qu'à ses avantages, ses profits, sans se soucier des conséquences que ses choix pourront avoir sur les autres. C'est le spécimen parfait d'un individu qui vend la scie d'un menuisier à un soudeur.

La manipulation malveillante : C'est la pire forme de manipulation. Elle est utilisée pour détruire ou nuire à l'image des autres. Dans ce cas, le manipulateur fait recours au mensonge, à la calomnie ou en à une campagne de rabaissement pour ternir l'image de la victime. Il peut s'agir d'une stratégie pour déstabiliser, dévaloriser, culpabiliser et enfin évincer la victime afin de prendre sa place. » Référence : Penser-et-agir.fr.

Faible ou fort, capable ou non de tenir tête à un manipulateur, dans tous les cas et dans toutes les situations une solution existe. Selon le niveau de dépendance au manipulateur, il est possible de la trouver dans la volonté, la colère, et même la violence... dans toutes les situations, une dernière solution existe. Il s'agit peut-être de celle du dernier recours, et dans ce cas, elle sera extrême en tout, certes, mais elle existera... et savoir qu'une solution existe donne un espoir. Vous l'avez compris, il s'agit de mettre fin à ses jours, de chercher le grand repos. Dans ce geste, nous avons la possibilité d'utiliser notre libre-arbitre avant d'être contraints ou pour nous libérer d'une contrainte, avant de ne plus pouvoir prendre de décision. Bien sûr, cette affirmation n'est vraie qu'une fois écartées les maladies mentales chroniques ou passagères, et toutes autres causes pathologiques qui rendraient cet acte non volontaire. Bien sûr, je ne fais que citer son existence, en aucun cas je la favorise ni vous incite à la mettre en œuvre, même à l'orée d'une situation extrême. Je le répète : je ne fais que citer les possibilités afin de mettre en évidence qu'**il existe toujours une solution pour se libérer d'un manipulateur.**

Capacités innées, transmises ou acquises...
Il est communément admis que les capacités innées sont celles dont dispose l'être vivant avant sa naissance. Toutefois, il faut bien différencier celles qui relèvent de la transmission génétique (irréversibles), de celles qui relèvent des facteurs épigénétiques (globalement réversibles). En effet, durant sa vie intra-utérine, l'embryon va commencer son apprentissage d'être vivant et aussi subir les effets de son environnement. Il sera donc déjà en phase d'acquisition. Aussi, afin de simplifier le jeu de langage, je vous propose d'oublier les capacités innées pour ne garder que les capacités transmises et acquises, ce qui sera plus clair.

Hors les pathologies évidentes, voici la comparaison souvent affichée qui permet de bien se représenter les notions de « transmises » et « acquises ».

La structure de notre principal organe de décision est le cerveau, il nous est transmis comme un livre que jour après jour nous allons écrire, c'est notre potentiel.

Une multitude de facteurs environnementaux vont faire que nous allons l'utiliser de différentes manières, comme chaque lecteur va lire le livre qui a été écrit, le ressentir et l'interpréter différemment des autres lecteurs. C'est notre capacité à acquérir, à utiliser notre potentiel.

Pouvons-nous envisager qu'au sein de notre bagage génétique se trouvent des particularités consécutives aux vécus de nos ancêtres ? Comme nous l'avons vu précédemment dans les conclusions de Bernard Feltz (§ « La physique », « Les neurosciences ») la structure du cerveau s'adapte au travail que nous lui demandons de réaliser. Ainsi, bien qu'elle soit en constante évolution, et au constat de la présence de traits de caractère communs entre les membres de la même famille qui ne se sont pas connus, donc hors résultantes d'apprentissages ou de contraintes, il semble bien que notre cerveau comporte un héritage, une bibliothèque sensitive ancestrale dans laquelle se trouve des éléments qui remonteraient automatiquement à la surface lorsqu'un évènement phénoménal compatible avec eux se présenterait, ainsi ils seraient et seront transmis. Nous voici dans la réponse de nature inconsciente, celle qui ne dépend pas directement de la raison de la personne concernée, donc, qui ne peut pas relever de son libre-arbitre.

Abordons la manipulation génétique :
« D'un point de vue général, le principe est soit d'intégrer des gènes étrangers, végétaux ou animaux, dans le corps d'un membre d'une espèce différente, soit de modifier les gènes d'un organisme existant pour en changer ou optimiser un caractère. »
Pourquoi avoir peur du clonage partiel ? Psychologiquement, est-il plus perturbant de recevoir un élément cloné de son propre corps que celui d'un donneur quelconque ou un élément purement technique ? Peut-il générer une contrainte capable d'agir sur notre capacité à prendre une décision en libre-arbitre ?
Concernant le clonage d'éléments humains, il se conçoit et s'accepte aisément. Mais si nous abordons le clonage d'êtres humains, la réponse sera différente, radicalement différente. D'ailleurs, si nous abordions ce sujet, nous ne saurions pas si la question que nous nous posons sur le libre-arbitre serait encore d'actualité.

Le Béhaviorisme
« *Ce qu'il y a de fâcheux dans les théories modernes du comportement, ce n'est pas qu'elles sont fausses, c'est qu'elles peuvent devenir vraies.* » Hannah ARENDT « *Condition de l'homme moderne* ».

Parmi les nombreux domaines que recouvre la science de la psychologie, on trouve celui de l'étude du comportement appelé *béhaviorisme*. Ce domaine est considéré comme de la psychologie scientifique.

Fondé par John Broadus **Watson** (1878-1958), il connaît un succès retentissant notamment grâce aux travaux de recherches menés par Burrhus Frederic **Skinner** (psychologue américain (1904 -1990). Ils ont fortement influencé ce que l'on a appelé « la pensée moderne », ce qui a permis un développement majeur des instruments d'ingénierie comportementale.

Le béhaviorisme de cette époque s'est imposé en apportant une réponse à la difficulté que les différents courants psychologiques rencontraient à produire des énoncés scientifiquement vérifiables.

Tout en assumant d'être déiste, sans pour autant adhérer à une religion, B.F. Skinner, auteur de « *Par-delà la liberté et la dignité* », s'applique tout au long de sa vie à démontrer que l'être humain peut être réduit à la simple notion d'organisme vivant, purement mécanique, observable, donc prévisible. Il définit la science du béhaviorisme en ces termes :
« *Ne considérer que les faits qui peuvent être objectivement observés dans le comportement d'une personne en relation avec son histoire environnementale* ».

Cela implique que l'étude scientifique du comportement humain soit établie d'un point de vue externe, le seul qui permette la validation des états émotifs reconnaissables uniquement de l'extérieur.

Bien qu'il s'affiche comme croyant en un dieu, donc qu'il reconnait la notion d'âme humaine, il la considère comme étant « *sans valeur scientifique, car ni mesurable ni observable* ».

Pour lui, l'être humain ne doit être considéré que comme un simple organisme :
« *Les notions de libre-arbitre et de libertés individuelles, les valeurs morales de dignité, d'autonomie, du droit à la vie privée et à l'autogouvernement*

doivent être considérées comme faisant obstacle aux accomplissements à venir de l'être humain et au progrès social. »

Pour lui, la liberté est une illusion, un accident. Quant au libre-arbitre, ce ne serait qu'une vague fiction. Ces notions relèveraient d'un « *comportement inadapté* ».

Techniquement, le béhaviorisme doit limiter son champ d'études aux seuls comportements extérieurs enregistrables et mesurables, afin de pouvoir établir des principes systématiquement applicables (des lois) entre les stimuli et les réactions.

« *Seul l'environnement détermine le destin de l'être humain, sa liberté ne correspond qu'à son aptitude à fuir un environnement hostile.* »

Dans sa conception de cette science, aucune notion d'introspection, d'inconscient, de volonté, et encore moins de libre-arbitre.

Avec le temps, cette notion a fortement régressé au profit d'approches cognitivistes. Toutefois, elle trouve encore, pour partie, son utilité dans les TCC (Thérapies Cognitivo-Comportementales) et les ABA (Applied Behavioral Analysis) pour les troubles mentaux et les TED (Troubles Envahissants du Développement).

Globalement, la psychanalyse considère que nos actes dépendent plus de notre inconscient que de notre conscient ou plus précisément de notre volonté consciente.

Je suis toujours étonné par cette notion d'inconscience. Ainsi donc une décision que nous devons prendre et que nous analysons, selon un raisonnement rationnel, serait perturbée à l'instant « T » par notre inconscient ! Il est aussi possible, que ce soit notre raisonnement plus ou moins rationnel qui soit perturbé ! En finalité, notre « élément perturbateur » désorienterait l'implacable logique et nous ferait prendre un autre chemin... oui, pourquoi pas ! Mais cela se produit selon quel pourcentage ? Dans quel contexte ? Selon quel niveau d'importance de la question ?

Des questions de ce genre, nous en avons des centaines, et parmi elles, la fameuse définition de la conscience, définition dont nous avons pu constater la complexité précédemment.

Prenons un exemple simple afin de bien illustrer cette notion d'inconscient.

Objectif : effectuer le trajet Lyon/Paris dans les meilleures conditions.

Problématique : choisir un mode de transport.

Après avoir passé en revue les moins probables et, malgré l'insistance de mon coquin d'inconscient, je vais éliminer la marche, le cheval, le vélo, la moto et la voiture, qu'il me sera difficile de me faire parachuter sur la pyramide du Louvre, car c'est là-bas qu'en finalité j'irai, ainsi que beaucoup d'autres solutions plus ou moins loufoques comme l'usage d'un sous-marin... Je vais donc, sans savoir qui a bien pu me pousser à le faire, garder les deux solutions les plus rapides, les moins couteuses et les moins dangereuses : le TGV et l'avion.

Consciemment, je vais étudier tous les paramètres comparables, dans les moindres détails, je les pondérerai d'un coefficient multiplicateur lié à l'importance qu'ils ont dans ce contexte, puis je choisirai raisonnablement, c'est-à-dire avec l'aide de la raison. Seulement voilà, mon petit empêcheur de tourner en rond, bien régulièrement nommé inconscient, va injecter dans mon raisonnement un ou plusieurs paramètres qui vont m'inciter à peut-être modifier ma décision, et surtout ma logique de prise de décision. Nous voici prêts à plonger dans le chaos... Toujours en exemple, alors que mon choix allait se porter sur le TGV, la vue à la télé du dernier accident et les descriptions plus qu'horribles faites par une des survivantes va me faire changer d'avis. Le paramètre qui, bien sûr, m'a incité à écarter le TGV de mon dernier choix était la vision monstrueuse de membres épars et d'une tête détachée du corps d'une malheureuse jeune fille. Nous voici dans le cas d'une prise de décision orientée par notre inconscient. Êtes-vous convaincu par cette démonstration ? Non, évidemment, car il m'aurait suffi de prendre le temps de comparer l'ensemble des éléments, à tous les niveaux, pour qu'une vision d'horreur tout aussi effroyable apparaisse dans mon esprit en imaginant le résultat sur les passagers d'un accident d'avion. Ainsi, la solution qui, immédiatement, vient s'imposer pour redonner un peu de couleurs au raisonnement des psychanalystes, est de sortir les questions dont les réponses sont calculables ou livrables par un simple raisonnement logique (même s'il est discutable de faire référence à la notion de simplicité), de sortir les réponses données par les automaticiens, et de sortir les réponses données par un grand nombre de personnes en relation directe avec les notions d'analyse et de logique.

Toujours le cerveau anticipe l'immédiateté, le temps présent (hypothèse qui durant plusieurs décennies ne fut pas partagée par les neuroscientifiques). Par le jeu des associations du conscient et de l'inconscient, il analyse et envisage la possibilité d'un futur immédiat.

Quelle relation le libre-arbitre entretient-il avec cette continuelle histoire de fiction ?

Que l'inconscient se nourrisse de nos vécus, qu'il soit boosté et fortifié par nos imaginaires, qu'il cherche à s'imposer par tous les moyens n'a rien de surprenant ! Mais désolé petit inconscient, tu ne m'as pas encore convaincu que ta réelle présence est **prioritaire ou majoritaire** dans nos prises de décisions.

Quant à l'expérience de Milgram que les sociologues, psychologues, philosophes, et cetera prennent systématiquement comme référence, n'est-elle pas que très représentative du besoin majoritaire de non-prise de responsabilité de l'être humain ? Trouver une excuse et se cacher derrière elle ne correspond en rien à la notion de « faire un choix en son âme et conscience, sans subir de contrainte ». Plus généralement, si l'expérience de Milgram est établie en principe, poussée à son paroxysme et appliquée à des milliards d'individus, elle définit la non-prise de responsabilité comme impérieux besoin... de ne pas faire d'effort !

LE LIBRE-ARBITRE

Tiens ! Le voilà qui s'impose à nouveau... foutu striatum.

Voilà une affirmation qui, une fois de plus, nous emmène dans un ballet qui tourne, retourne, et toujours nous ramène à notre point de départ. Pour l'instant, il semble que les partisans anti libre-arbitre, comme anti déterminisme, veulent tisser des hypothèses sur une trame bien fragile... mais comme je suis respectueux des combattants qui, par tous les moyens, se battent avec honneur jusqu'au bout, je ne résiste pas au plaisir de vous titiller un peu en vous laissant digérer cette citation pendant votre temps de repos, avant la reprise :

« Les emmerdements. Les emmerdements sont les tissus de la vie quotidienne, le tout est de savoir broder dessus ! » (Anne Saint-Martin.)

Maintenant, intéressons-nous à l'intuition de Nietzsche :

« *Je leur ai enseigné toutes mes pensées et toutes mes aspirations : à réunir et à joindre tout ce qui chez l'homme n'est que fragment et énigme et lugubre hasard, en poète, en devineur d'énigme et rédempteur du hasard. Je leur ai appris à être créateur de l'avenir et à sauver, en créant, tout ce qui fut. Sauver le passé dans l'homme et transformer tout ce qui était jusqu'à ce que la volonté dise : "Mais c'est ainsi que je voudrais que ce fût. Mais c'est ainsi que je le voudrais"* ». *Ainsi parlait Zarathoustra*, III, 3 – Des vieilles et des nouvelles tables – Mercure de France.

Ainsi, l'homme ne serait pas capable de construire un avenir sans modifier l'histoire du passé de façon qu'elle corresponde à ce qu'il aurait aimé, et même voulu qu'elle soit !

Ainsi, non content d'être un nuisible pour lui-même et pour l'humanité, l'être humain pousse le bouchon encore plus loin en se mentant, oui, en se mentant à lui-même... et certains semblent être même capables, après s'être bien bourré le crâne de fictions, de croire que, finalement, cela s'est bien passé de cette manière. Que penser de cette catégorie ? Doit-elle être classée comme étant sans contrainte ou sous contrainte ? Est-ce que l'autocontrainte établie en principe de gestion mentale relève de la contrainte psychologique ? Est-ce que cette autocontrainte, répétée inlassablement, amène le sujet à modifier durablement sa façon de penser pour la transformer en pensée pathologique ? N'est-ce pas ce que l'on nomme tout simplement : « le mensonge » qui, comme tout élément, s'il est poussé dans ses extrémités devint pathologique ?

Comment définir une limite, la limite… à moins qu'il ne soit pas utile de la chercher tant le mensonge parait être ancré en nous, voire qu'il se trouve être inscrit dans nos gènes. C'est d'ailleurs ce que Nietzsche fait dire à *Zarathoustra* ! Ainsi, s'il est vrai que l'être humain vit le mensonge comme étant une pathologie nécessaire pour construire son avenir, la question du libre-arbitre ne se pose pas, car elle ne sera que très rarement d'actualité.

Ainsi, d'après Nietzche : « *Nous ne pouvons pas décider en libre-arbitre, car nous le refusons fondamentalement. Pourquoi ? Parce que nous considérons ce refus comme nécessaire à notre survie, oui, par fainéantise, nous considérons qu'il est indispensable à la survie de l'être humain.* »

D'ailleurs, conscients de l'impératif de transformer cette envie en besoin, une partie des croyants (catholiques, protestants, anglicans, hindouistes, bouddhistes…) ne *s'arrangent-ils pas* avec le passé grâce aux principes de la confession puis de l'absolution ?

Avouez que cette orientation expliquerait bien des choses, car si ce principe de gestion du passé est inscrit dans nos gènes, nous ne pouvons pas parler de dérive. Un exemple très représentatif : nous élisons nos représentants tout en sachant, avec certitude, qu'ils nous mentent et nous mentiront tout au long de leur mandat. Toutefois, nous savons aussi qu'ils se contraindront à réaliser un minimum de 20 % de vrai, ce qui nous semble suffisant pour sauver notre ressenti en matière d'honneur.

LE LIBRE-ARBITRE

Pour autant, nous combattons ce que nous appelons *nos travers,* oui, nous aspirons à une honnêteté sans faille... d'ailleurs, pour les USA le mensonge est puni. Bon d'accord, en finalité, ce principe n'est pas très efficace, mais au moins les menteurs connaissent les conséquences de cette prise de risque.

Toutefois, si nous avons conscience de ce fameux « travers » et que nous ne cherchons pas à le neutraliser ni même à le gérer, c'est bien qu'un élément, que nous pouvons définir comme indispensable et nécessaire, nous pousse à nous accepter tel que nous sommes... et cela nous arrange bien d'être ainsi. Hé oui ! Vous l'avez bien compris, il s'agit encore d'un coup du striatum (Sébastien Bohler – Le bug humain – éditions Robert Laffont) : « *Principe qu'il fallait suivre pour survivre il y a quelques dizaines de milliers d'années.* » Si je suis ce principe, en récompense, j'ai et j'aurai encore droit à ma dose de dopamine... en bref, nous sommes drogués à notre besoin du moindre effort.

En résumé : l'être humain ne peut pas faire preuve de libre-arbitre dans ses prises de décisions, tout simplement parce qu'il ne veut pas le faire. Et la raison en est une fainéantise exacerbée.

En effet, faire preuve de libre-arbitre nécessite de réaliser un réel effort. Bon, ce n'est certainement pas la seule raison, mais l'importance de celle-ci est malheureusement loin d'être négligeable.

Ce petit animal humain est étrange, il n'hésite pas à mettre en danger son environnement et la survie de son espèce, et dans quel but le fait-il ? « Pour se faire plaisir sans faire plus d'effort. » »

Chapitre 9
Les courants de pensée

« À ce stade, je remarque que l'être humain éprouve encore le besoin de classer ses congénères dans des cases (boites, petites boites, toutes pareilles... les temps changent peut-être, mais il est des volontés d'étiquetage qui persistent !)

Aussi, afin de ne pas nous perdre dans notre volonté à nous différencier les uns des autres, je vous propose de balayer les courants de pensée les plus distinctifs en matière de capacité à prendre une décision en relation (pro ou anti) avec le libre-arbitre :
- Le Déterminisme
- Le Rationalisme
- Le Fatalisme
- Le Stoïcisme
- La Liberté d'Indifférence.

De prime abord, certains peuvent paraitre sans intérêt, inutiles et même stupides. Mais gardons l'esprit ouvert et soyons prêts à découvrir leurs particularités, ressentons avec plaisir l'appétence pour l'anticonformisme.

Le déterminisme
Du latin « determinare », le sens propre de déterminisme est celui de marquer les limites, de borner. Son sens scientifique peut être résumé à : « l'ensemble des conditions nécessaires pour qu'un phénomène donné

se produise ». Mais plus largement, le déterminisme s'entend comme une doctrine, un concept selon lequel certaines conditions étant données et connues, les faits qui s'ensuivront sont prévisibles avec précision.

Depuis Galilée, le déterminisme fait parler de lui dans tous les domaines. Imaginez en ce temps-là, le raz de marée idéologique qu'il a provoqué en affirmant :

« *Une cause entraîne des effets qui à leur tour deviennent des causes entraînant des effets.* »

Ainsi, un acte libre devient impensable, car il se situe hors les lois de la nature... et Spinoza de soutenir que l'homme ne fait pas exception dans cette nature.

Le temps passant, déterminisme ou non-déterminisme est devenu une des questions fondamentales de l'épistémologie, mais pas seulement, car elle interroge avec autant d'intérêt la métaphysique.

En philosophie, le déterminisme est la notion selon laquelle chaque événement est déterminé par les événements passés, en vertu du principe de causalité.

En physique, cette idée se traduit par la notion de système déterministe. Il s'agit d'un système soumis à une dynamique qui associe à chaque condition initiale un et un seul état final. On parle également de système déterministe en automatisme pour désigner un système pour lequel les mêmes entrées produisent toujours exactement les mêmes sorties (si les mêmes entrées peuvent produire différentes sorties, nous sommes dans un système stochastique).

Le mathématicien, astronome et physicien Pierre-Simon de Laplace avait formulé l'hypothèse d'un déterminisme universel en vertu duquel les lois de la physique faisaient que « *pour un état donné de l'univers, une seule évolution de celui-ci est possible et que celle-ci est, du moins en théorie, prédictible. La nécessité règne dans l'univers.* »

Peu d'idées ont suscité autant de débats, à la fois scientifiques et philosophiques. Le déterminisme étant pour les uns « l'idéal vers lequel doit tendre la science », alors que pour les autres « il est une tromperie, une fausse idée de la réalité ».

Il est évident qu'une relation de cause à effet existe, d'ailleurs, nous la constatons tous les jours de notre vie et, si ce n'est pas le cas, c'est que nous n'en sommes pas conscients.

Si j'appuie sur la commande d'éclairage, la lampe est alimentée électriquement. Si j'insulte mon voisin, il aura une réaction : la surprise, la colère, l'amusement ou une autre, toujours est-il qu'il ne sera pas sans réaction.

Si je ne fais rien, ce qui n'est qu'une parole, je vais dissiper de l'énergie, si... et cetera.

Quel que soit le domaine observé, cette relation existe. Mais de là à supposer qu'à une action ne peut correspondre qu'une seule conséquence sans qu'une perturbation aléatoire vienne apporter son grain de sel, voilà qui n'est rien d'autre que le refus de constater la réalité qui se déroule tous les jours devant nos yeux. Et ne réduisons pas la notion d'aléa à la réalité telle qu'elle était prévue et que nous constatons, ce serait user de manipulation.

Reprenons l'exemple de la lampe qui doit être alimentée électriquement pour qu'elle s'allume. N'existe-t-il pas au moins un élément de la chaine des nécessités pour qu'elle s'allume qui puisse être soumis à aléa ?

Il est possible qu'il y ait un défaut de construction d'un des éléments, défaut qui aurait échappé au contrôle de bonne fabrication, défaut qui serait dû à l'inattention d'un des opérateurs à la raison qu'il était perturbé d'avoir perdu au jeu lors d'une soirée avec ses amis... est-ce qu'une partie de jeu de roulette est neutre en déterminisme ? Oui, si nous lançons la boule **plus d'une fois** très exactement de la même manière, ce qui, bien sûr, n'est pas dans la possibilité de l'être humain.

« Calculer la probabilité d'un évènement est le fait d'évaluer la possibilité que cet évènement se réalise dans un contexte défini à l'avance. Une probabilité s'évalue en rapportant les possibilités qu'un ou plusieurs évènements se produisent au nombre de résultats possible. » Nous parlons de possibilité, de chance que cela se produise, pas d'une certitude. Aussi, dans notre exemple, le fonctionnement de la lampe est lié à la chance d'un opérateur au jeu ! Certains pourraient arguer que la chance n'existe pas, que nous définissons cet état par fainéantise de démontrer que tous les cas et toutes les situations sont en interconnexions, donc dépendants les uns des autres. Exemple : au tirage du loto, la position des boules dans le panier, le nombre de tours effectués, la vitesse de rotation de ce panier, la température ambiante, et cetera, peuvent en théorie permettre de déterminer le numéro de la boule qui sortira... c'est vrai... tout comme il est vrai que dans le pays de *Théorie* tout se passe bien, et toujours comme prévu. Blague mise à part, en toute rigueur, le déterminisme universel de Laplace est supposé être juste et vrai à la raison que toutes les interactions se déroulent d'une façon et d'une seule... la preuve : c'est celle que nous constatons tous les jours. Mais sauf à remonter le temps et le laisser s'écouler une deuxième fois, rien ne nous prouve qu'elle puisse se dérouler de la même manière ou d'une autre. Ainsi, jusqu'à preuve du contraire, devons-nous croire que ce déroulement est le seul possible ?

Bien sûr, pour les croyants en un dieu, les choses sont plus faciles : tout est prévu et ne peut être autrement... une petite minute... la notion de libre-arbitre n'est-elle pas en grande partie définie par ce même Dieu qui a laissé cette possibilité aux humains ! Désolé, mais le déterminisme n'a pas pour objectif de valider ou invalider le principe de la croyance en une religion. D'ailleurs, personne ne sait si Laplace était un sceptique ou finalement un croyant sur le fond... voici ses propos : « *La cause première n'a pas seulement donné aux astres un ordre précaire requérant une soigneuse maintenance, mais un ordre stable.* » Oui, peut-être, mais du temps de monsieur Laplace les trous noirs n'avaient pas encore été découverts ! Il en est de même concernant la physique quantique et ses calculs de probabilité, or, dans la probabilité, aucune notion de déterminisme possible.

Quant à aimer l'idée que ce soit un idéal vers lequel il nous faudrait tendre, soyons sérieux, nous y perdrions beaucoup, et dans tous les domaines. Même dans le langage où la notion d'« aléa », et autres du même genre, disparaitrait. Quant aux statistiques, pourquoi les établir puisqu'elles seraient, en partie, irrémédiablement destinées à finir dans la poubelle ?

J'exagère peut-être un peu, mais mes excentricités n'ont pour objectif que de mettre en exergue que le **tout ou rien** n'existe que très rarement, tout comme avoir une certitude ne certifie pas qu'elle soit juste, tout comme la vérité en soi n'existe pas non plus, car s'il existe bien un chemin idéal, il ne nous est pas toujours connu, voire il peut ne pas nous être accessible ni même être visible. **En conséquence, aucun déterminisme absolu, mais dans certains domaines, un ou plusieurs déterminismes relatifs, mais qui sortent de la définition de référence.**

Aujourd'hui, l'efficacité du calcul de l'Univers est remise en cause. Les raisons : l'entropie maximale de l'Univers, la vitesse de la lumière, et la quantité minimum de temps nécessaire pour transporter l'information (car aucune chose demandant plus que cette quantité de données ne peut être calculée dans la quantité de temps passé jusqu'à présent dans l'Univers (ce qui sous-entend que nos connaissances en la matière sont abouties ! Il fallait oser la faire celle-là !).

Mais c'est sans parler des trous noirs et leurs bébés Univers, ainsi que des bulles multi Univers ! Voilà qui n'a pas fini de poser plus de questions que d'apporter de réponses, et dans l'attente d'approcher cette réalité, que devient la notion de déterminisme ?

À la question : « Qu'est-ce que l'énergie ? », Henri Poincaré (mathématicien français 1854-1913) répondait :

« *Dans chaque cas particulier on voit bien ce que c'est que l'énergie et on peut en donner une définition au moins provisoire ; mais il est impossible d'en trouver une définition générale. Si l'on veut énoncer le principe dans toute sa généralité et en l'appliquant à l'univers, on le voit pour ainsi dire s'évanouir et il ne reste que ceci : il existe quelque chose qui demeure constant... En résumé, et pour employer le langage ordinaire, la loi de conservation de l'énergie ne peut avoir qu'une signification, c'est qu'il y a une propriété commune à tous les possibles ; mais dans l'hypothèse déterministe il n'y a qu'un seul possible et alors la loi n'a plus de sens. Dans l'hypothèse indéterministe, au contraire, elle en prendrait un, même si on voulait l'entendre dans un sens absolu ; elle apparaîtrait comme une limite imposée à la liberté... La loi de Mayer* (Julius Robert Von Mayer "la Loi de Mayer", médecin allemand 1814-1878) *est une forme assez souple pour qu'on puisse y faire rentrer presque tout ce que l'on veut.* »

Propos de quelques philosophes :
– **De Broglie** :
« *La définition du déterminisme par la prévisibilité rigoureuse des phénomènes paraît la seule que le physicien puisse accepter, parce qu'elle est la seule qui soit réellement vérifiable.* »
– **Popper** :
« *Je désigne par déterminisme scientifique, la doctrine selon laquelle la structure du monde est telle que tout évènement peut être rationnellement prédit, au degré de précision voulu, à condition qu'une description suffisamment précise des évènements passés, ainsi que toutes les lois de la nature, nous soit donnée.* »

Selon eux, le principe de causalité unique est une certitude... sous condition. Quant à ce que certains nomment la causalité multiple (une cause pouvant générer plusieurs effets), elle s'applique dans tous les cas de figure au même principe d'unicité, car l'ensemble des éléments sont connus et prévisibles.

Ainsi donc, toujours selon eux, l'aléa, par nature illogique et non prévisible, n'existe pas... sous condition.

– **Bachelard** :
« *Le déterminisme est une notion qui signe la prise humaine sur la nature.* »

– **Spinoza** :
« *Les hommes se trompent quand ils se croient libres ; cette opinion consiste en cela seul qu'ils sont conscients de leurs actions et ignorants des causes par lesquelles ils sont déterminés.* »

– **Sartre** :
« *L'homme qui se croit déterminé se masque sa responsabilité.* »

– **Valéry** :
« *Le "déterminisme" est la seule manière de se représenter le monde. Et l'indéterminisme, la seule manière d'y exister.* »

Le Rationalisme

René Descartes (1596-1650) fut le créateur du rationalisme.

Son raisonnement reposait sur trois principes non sécables :
– l'intuition rationnelle (le fait d'avoir une idée) ;
– le doute (le fait de remettre en cause la possibilité ou la véracité de cette idée) ;
– la déduction (la conclusion de l'idée).

Pour Descartes, le doute est une composante essentielle. Il permet d'écarter les fausses opinions et d'arriver à l'évidence. De ce mode de pensée vient le mot « cartésien ».

Spinoza et son rationalisme absolu, Leibniz et son rationalisme dogmatique, Kant et son rationalisme critique, Hegel et son rationalisme total... tous ces esprits éclairés ne vivent que par la liberté de la raison qui, alors qu'elle s'enferme dans l'absolu, dans le totalitarisme, dans le dogmatisme le plus dur, trouve par cette contrainte la totale liberté de penser et bloque ainsi le libre-arbitre.

Maïmonide était un des piliers théologiques du rationalisme. Il inspira fortement Thomas d'Aquin sur le besoin de se rapprocher d'Aristote et des péripatéticiens afin de se servir de leur « Raison ». Dans la création de « Tout », donc du mal, il en reporte la responsabilité sur l'homme.

La pensée, la raison, le libre-arbitre... nous accédons ainsi à la responsabilité, ce qui libère Dieu du mal dont nous sommes responsables, car la conséquence en est de n'avoir pas suivi les préceptes imposés par ce Dieu.

La ou plutôt les définitions du rationalisme d'aujourd'hui :
« *Doctrine selon laquelle rien de ce qui existe ne trouve une explication qui soit étrangère à ce que la raison humaine peut accepter :*
– Système philosophique selon lequel les phénomènes de l'Univers relèvent d'une causalité compréhensible et de lois stables.
– Disposition d'esprit qui n'accorde de valeur qu'à la raison, au raisonnement.
Le rationalisme est la doctrine qui pose les raisons discursives comme seule source possible de toute connaissance du monde. Autrement dit, la réalité ne serait connaissable qu'en vertu d'une explication par les causes qui la déterminent, et non par une quelconque révélation ou intuition. Ainsi, le rationalisme s'entend de toute doctrine qui attribue à la seule raison la capacité de connaître et d'établir la vérité.
Doctrine selon laquelle on ne doit admettre dans les dogmes religieux que ce qui est conforme à la raison reconnue comme la seule source de la connaissance. »

Nous pouvons remarquer que le rationalisme moderne a tendance à prendre ses distances par rapport aux religions.

Le Fatalisme
Définition : « *Doctrine suivant laquelle le cours des événements échappe à l'intelligence et à la volonté humaine, de sorte que la destinée de chacun de nous serait fixée à l'avance par une puissance unique et surnaturelle.* »

Pour les adeptes du fatalisme, les choses de la vie sont plus simples. Les événements sont prédéterminés, ils sont inévitables et rien ni personne ne peut empêcher qu'ils aient lieu. Ainsi, les humains ne sont que les marionnettes de Dieu ou une nécessité naturelle, ce qui est censé être la même chose. Bien sûr, aucune notion de causalité ni d'aléa ne peut perturber la destinée de chacun.

Nous ne devons avoir aucun autre objectif que de réaliser ce que l'on ressent être bon pour Dieu, car à n'en pas douter cette perception nous est imposée, et nous devons la satisfaire.

Pour les musulmans, la notion de fatalisme est très claire.

L'islam affirme la détermination inconditionnelle du devenir par la volonté de Dieu : « *L'heure de notre mort est inconditionnellement fixée par Dieu de sorte que nous mourons à l'heure dite, quoi que nous ayons fait, que nous soyons restés chez nous ou que nous ayons livré bataille. Notre sort est fixé indépendamment de nos efforts et de notre activité.* »

Pour Confucius : « *Tout dépend de la destinée.* »

Pour le Christianisme, le Protestantisme et le Jansénisme s'approchent du fatalisme. En effet, pour eux il est impossible pour l'homme de rejeter la tentation du mal par ses propres capacités, seule la grâce divine peut l'en libérer.

Le fatalisme est classé en deux grandes périodes : le fatalisme ancien et le fatalisme moderne.

Le fatalisme ancien :
Parmi les divers courants de pensée qui forment le fatalisme ancien (école mégarique, école stoïcienne, destin des physiciens, et cetera), la doctrine stoïcienne a donné une importance centrale au destin. Par son

insistance sur l'existence de causes pour chaque détail des événements, sa croyance au destin préfigure ce que sera le déterminisme moderne.

« *Toutes choses ont lieu selon le destin* », *le fatum stoicum n'est pas une puissance irrationnelle, mais l'expression de l'ordre établi par la « Raison » à l'univers »*. « *Le destin est la cause séquentielle des êtres ou bien la raison qui préside à l'administration du monde* ». Voilà un principe scientifique et philosophique qui laissait finalement peu de place à la religion, aussi il était sévèrement critiqué.

Le *fatalisme logique de Mégare* était lui aussi fortement critiqué, surtout par Aristote et Epictète, quant à Épicure, dans la « Lettre à Ménécée », il étrille ce qu'il appelle et restera *Le destin des physiciens*.

Dans son traité *De la divination*, Cicéron exprime clairement que le destin est la chaîne causale des événements :

« *J'appelle destin (fatum) ce que les Grecs appellent heimarménè, c'est-à-dire l'ordre et la série des causes, quand une cause liée à une autre produit d'elle-même un effet. (...) On comprend dès lors que le destin n'est pas ce qu'entend la superstition, mais ce que dit la science, à savoir la cause éternelle des choses, en vertu de laquelle les faits passés sont arrivés, les présents arrivent et les futurs doivent arriver.* »

Le fatalisme moderne :
Il connut une forte expansion au siècle des Lumières. La Mettrie et d'Holbach furent les représentants de la philosophie matérialiste, finalement très voisine du déterminisme spinoziste. Il fut baptisé « moderne » par les autres philosophes de cette époque pour bien le différencier de celui des stoïciens qui avait été nommé « ancien ». En effet, dans ce nouveau fatalisme, plus de divinité attentive à tout prévoir, seule s'impose la nécessité matérielle. D'ailleurs, c'est dans l'*Encyclopédie ou Dictionnaire raisonné des sciences, des arts et des métiers* que l'article « fatalité » ne fait référence qu'à des relations causales naturelles, ce qui plus tard correspondra au déterminisme.

Toutefois, il ne faut pas occulter la différence fondamentale de ces deux doctrines. Pour le fatalisme moderne, l'humain n'est pas maître de ses jugements, donc, d'exercer un libre choix gouverné par la raison.

Fort de ce raisonnement, et puisque le fatalisme exclut toute liberté, comment fonder les responsabilités morale et pénale de l'homme ?

Cette question fut le fondement de l'anti-fatalisme moderne, et notamment celle de la responsabilité de châtier un humain à cause de son hérédité et des éducations qui lui ont été imposées.

Elle jugea bon de justifier les châtiments comme nécessaires à la défense de la société, donc légitime... sur ce sujet, ce sera finalement la *controverse* qui s'imposera.

Le stoïcisme

Rester stoïque, avoir une attitude impassible, ne pas se laisser submerger par les passions.

Un stoïcien acceptera la place qui lui est donnée dans l'univers. Aussi, de son attitude dégage une certaine forme de sagesse qu'il cultive en vivant en harmonie avec la nature. Il prend un grand soin de son corps et de son âme.

Logique, physique et éthique se doivent d'être et de rester unies dans l'enseignement prodigué par l'ancienne académie. Ils définissaient la sagesse comme étant la science des choses divines et humaines. Ils aimaient utiliser les images de la vie courante pour définir leur culture : La philosophie est un animal dont les os et les nerfs sont la logique, les chairs l'éthique, l'âme la physique. Il était assez courant de la retrouver aussi en œuf, avec la coquille en logique, le blanc en éthique et le jaune la physique.

La philosophie se devait d'être entière et inébranlable, sous peine de générer le chaos dans l'univers. Bien sûr, en ce temps-là le stoïcisme s'opposait radicalement au Platonisme et à l'Aristotélisme.

Le stoïcisme est par nature déterministe, et plus précisément, il est d'un déterminisme intégral... et personne ne sera choqué d'entendre parler de fatalisme stoïcien.

Pour un stoïcien, le libre-arbitre est une illusion.

La liberté d'indifférence

Pour beaucoup, la liberté du choix est liée à la rationalisation de celui-ci. Choisir sans raison montre le désintérêt que l'on porte au sujet, il ne relève pas d'un choix, mais d'un tirage au sort sans lot : « Bravo ! Monsieur, vous venez de gagner ce magnifique *Rien* qui n'a aucun intérêt ! »

Est-ce que ce tirage au sort est une méthode pour accéder à un choix final sans être orienté par une multitude d'éléments déterminants ? C'est possible... mais dans ce cas, nous ne choisissons pas, nous déléguons le choix à un élément de base statistique.

Quelle qu'en soit la raison, le choix final ne doit-il pas être fait en toute rationalité, en pleine conscience et bonne intelligence ? Nous pouvons même choisir de valider ou d'invalider le choix intermédiaire que nous n'avons pas voulu finaliser précédemment.

La liberté d'indifférence semble être sans intérêt, elle relève du tirage au sort entre deux possibilités qui doivent se situer au même niveau de désintérêt. Exemple : deux stylos strictement identiques sont posés sur la table, à la même distance de ma capacité de préhension. Vais-je utiliser ma liberté d'indifférence pour en saisir un des deux ? Très franchement, je vais sans aucune hésitation, rejoindre René Descartes qui qualifie la liberté d'indifférence comme étant : « *le plus bas degré de liberté, parce que le choix n'est par aucun motif, aucune raison, aucune réflexion, et ne fait appel à aucune capacité* », ainsi que Schopenhauer dans son *Mémoire sur la liberté de la volonté humaine*.

Par contre, là où la liberté d'indifférence pêche le plus dans le choix à faire entre deux éléments identiques, c'est de ne pas laisser le choix entre choisir et ne pas choisir, ce qui nous permettrait de revenir à la notion de libre-arbitre sans être contraint dans la possibilité du choix, donc de la liberté. Dans cet exemple, il est difficile, voire à la limite du possible, d'effectuer un choix en toute liberté d'indifférence.

Concernant la préhension d'un des deux objets parfaitement identiques, consciemment ou inconsciemment, nous risquons d'effectuer le choix le plus proche de notre habitude de préhension, soit droitier ou gaucher. S'il s'agit de couleur identique, la réverbération de la lumière naturelle ou artificielle va donner des reflets ou une luminosité différents. En réalisant des analyses tout aussi fines dans un grand nombre de domaines de l'environnement des sujets, nous allons trouver une multitude de raisons qui vont prouver que deux éléments « identiques » ne le sont finalement pratiquement jamais.

Pourquoi déblatérer sur la manière de choisir lorsque celle-ci n'a aucune importance ni même de conséquence ? N'est-ce pas subir une contrainte, et plus précisément se générer une autocontrainte ? Peut-être pas, car en réalité, la liberté d'indifférence laisse supposer que choisir sans prendre en considération l'importance des éléments à choisir permet d'épurer le libre-arbitre de toutes contraintes de motif, et de ne laisser apparaitre que l'acte de choisir.

Seulement voilà, pouvoir réaliser ou pas un choix, relève de la liberté et non du libre-arbitre.

Choisir un moindre bien, prendre une décision irrationnelle : par cette action, ne veut-on pas prouver que l'on est capable de prendre une décision stupide ou hors contexte dans le seul but de démontrer que nous pouvons le faire ? Vouloir prouver quelque chose ne relève pas de l'indifférence, au contraire, c'est un acte conscient, réfléchi, volontaire.

Maintenant, que penser de la pseudo liberté d'indifférence appliquée au choix de deux biens qui ne sont pas identiques, alors qu'il n'y a pas d'équivalence des motifs ? Cela expliquerait que je peux fort bien préférer un moindre bien à un plus grand bien, ce qui prouverait ainsi que je suis le seul sujet ou la seule cause de mes actes. En conséquence, elle annulerait purement et simplement la liberté d'indifférence puisqu'elle en modifierait la définition de base, et me rapprocherait donc de ma capacité à choisir ou non selon mon libre-arbitre.

C'est dans la pseudo-acceptation du genre, dans le désintérêt du fond pour mettre en avant la forme du geste à accomplir que la notion de travaux pratiques extrêmes trouve leurs significations. Donner la mort ou ne pas la donner, et ce, quelle que soit la qualification de la victime, quel que soit son sexe ou tout autre élément d'éventuelle persuasion.

Entre choisir de casser un stylo ou tuer un humain, nous pouvons réduire ces actes à la réalisation de gestes purement techniques. Ce qui va faire que je vais réaliser ou non cette ignominie, ce sont les éléments complémentaires à ce geste, et plus précisément son acceptation psychologique. Or, l'acceptation psychologique est dépendante d'un grand nombre de paramètres contraignants ou libérants.

Donner la mort peut être autorisé ou interdit, condamnable ou décorable... et cetera. Mais faire le choix de réaliser un acte aussi important, indépendamment de toute notion de bien ou de mal, relève-t-il de l'indifférence ?

Non, certainement pas.

Non, si nous ne sommes pas des robots.

Non, si nous ne sommes pas inconscients.

Même s'il est ramené à un geste purement technique, son importance est telle qu'il nécessite de le réaliser avec l'attention qui lui est due.

Chapitre 10

La femme est confortablement installée dans le fauteuil réservé aux patients. John a toujours un divan, comme tout le monde s'y attend, mais il est de moins en moins utilisé. Les seuls qui s'allongent dessus immédiatement, naturellement, sans poser de questions, ce sont des hommes, et plus précisément une certaine catégorie d'entre eux. Ils ne cherchent pas la meilleure position ni la meilleure mise en situation psychologique, non, s'étendre les amusent, ils ont l'impression de tourner dans un film, d'être des acteurs, et finalement, cela leur évite le stress... enfin, en partie.

Bien qu'il soit à la retraite, il a gardé une activité de consultation d'une dizaine d'heures par semaine. Il ne se voyait pas arrêter brutalement le cabinet qui apportait un réel soutien aux patients. Il a même gardé quelques plages de rendez-vous chez son collègue et ami français à Paris, périodes qui sont immédiatement emplies lorsqu'il l'informe de sa venue. Comme si un psy américain était plus performant qu'un français ! Mais au constat des types de patients, et des pseudo pathologies parisiennes qui se présentent à lui, nous sommes dans le m'as-tu-vu, dans la récolte des informations qui seront ensuite restituées, amplifiées et enjolivées lors du prochain diner avec les amis ou la famille.

À NY, les cas sont plus graves. Il écoute très attentivement ce que cette femme lui raconte et se fait la remarque que, quoi qu'il lui dise, quoi qu'il lui prescrive, quel que soit le psy qu'elle consultera, elle ne finira pas l'année. C'est à ce moment-là que la petite lumière de son bureau l'informe d'un coup de fil urgent. Le secrétariat ne s'attend pas à ce qu'il réponde, aucune urgence ne l'est suffisamment pour qu'il abandonne son patient en pleine période d'écoute... sauf peut-être un incendie ou une intrusion forcée ! Pour autant, il est rare, et même très rare, qu'elle s'allume. Il termine calmement son entretien, même si la nature de sa prescription est particulièrement violente. Sa patiente ne repartira pas chez elle. Il appelle son secrétariat déporté et organise son placement sous contrainte. Il est certain que l'efficacité de cette mesure sera limitée, car rien, absolument rien ne l'empêchera de se donner la mort dès que l'occasion se présentera. Une fois terminée, il informe son secrétariat qu'il est disponible pour l'appel urgent. Il s'est écoulé une heure depuis que la petite lumière est apparue.

« Dr Delatour, le Dr Martin vous a téléphoné de Paris, son cabinet a été la cible d'un attentat. Il m'a dit de vous rassurer. Il n'y a pas de dégât humain, mais il faut que vous le rappeliez sans délai. Je crois qu'il pense qu'il y a un risque similaire pour votre cabinet, ici, à Soho. Il est à l'hôtel de police, mais il a son portable en poche.

– Merci, je l'appelle. »

Il compose le numéro... étrangement, Il ne sent pas le stress l'envahir.

« John, je sais que tu as eu mon message, aussi, avant de discuter, je te passe le commissaire Fontaine.

– Oui, commissaire Fontaine, lutte antiterroriste. Nous pensons que le risque d'attentat sur votre cabinet de Soho est très sérieux. Pour vous tenir informé de la situation, j'ai alerté mon homologue de NY, le commissaire Hernandes, il devrait se présenter chez vous dans quelques minutes.

– Je vous coupe, faut-il que je prévienne ma fille, et...

– Inutile, le commissaire Hernandes a déjà pris les mesures qui s'imposent pour votre fille et votre femme.

– Bien. Maintenant, expliquez-moi la raison de cette attaque.

– Vous avez transmis des fascicules sur la connaissance de l'être humain, et celui sur le libre-arbitre a fâché des extrémistes.

– Ce n'est pas une surprise. J'ai été plusieurs fois menacé de mort, mais ils ne sont jamais passés à l'action.

– Oui, je sais, j'ai reçu votre dossier. Mais cette fois, ce ne sont pas les mêmes.

– Vous savez à qui nous avons à faire ?

– Pas à 100 %, mais avec une certitude de 80 % ce sont des catholiques fondamentalistes. Nous savons qu'ils ont des antennes un peu partout, mais seule la cellule parisienne s'est déjà fait connaitre. »

Tandis qu'il parle, John s'approche de la porte, il l'ouvre avant que trois voitures de police s'arrêtent. Dans celle du milieu, à l'arrière, se trouve Elena. À ses yeux, il est évident que le stress a trouvé une partenaire particulièrement réceptive à ses actions. Le premier policier qui sort de la voiture se met à brailler sur John comme un fou, il lui ordonne de rentrer dans la maison et de s'allonger sur le sol. À l'autre bout du téléphone, le commissaire Fontaine fait la remarque qu'à l'évidence ses collègues NY viennent d'arriver et qu'ils n'ont pas les mêmes méthodes qu'à Paris ! John recule de trois pas et attend Elena. C'est lorsqu'elle pose le pied sur la première marche de la porte d'entrée qu'elle trébuche. Son portable tombe et, dans un mouvement réflexe, elle se baisse brusquement pour le rattraper avant qu'il ne touche le sol. Dans le même temps, le policier qui était devant elle s'écroule, frappé par une balle qui vient de s'écraser contre son gilet de protection. Les réactions du cerveau sont parfois un peu bizarres. Dans la fraction de seconde John est soulagé que le projectile n'atteigne pas sa femme, mais inquiet qu'elle puisse être écrabouillée par les 250 kilos de masse policière qui viennent de lui sauter dessus pour la protéger. C'est à ce moment qu'il ne fallait pas jouer au curieux dans le quartier, car pour défendre leur vie et celle de sa femme, les policiers se mirent à tirer un peu partout, au hasard, sans savoir où se trouvait le sniper.

« Monsieur Delatour ?

– Oui, je suis dans la maison. À l'extérieur, c'est la guerre. Ma femme a été ciblée par un tireur qui l'a raté, mais qui a touché un policier. Maintenant, ses collègues arrosent partout sans savoir où se trouve le tueur.
– Je vois, arme de poing de proximité contre fusil de précision à longue distance... sans commentaires. Je vous laisse et je vous tiens au courant par l'intermédiaire d'Hernandes. Ici, ils ont fait sauter une petite bombinette, rien de méchant. Je vous repasse le docteur Martin.
– John ?
– Oui. Pas trop de dégâts dans les têtes de ceux qui étaient présents ?
– Nous verrons avec le temps, mais a priori, pas de gros bobos.
– Tu devrais peut-être arrêter les consultations pendant une quinzaine ! Qu'en penses-tu ?
– Oui, de toute façon, il y a des travaux à faire.
– OK, je te tiens au courant. »

Dehors, plus de détonations, les pistolets doivent être vides. Un homme en civil entre dans la maison et s'inquiète de ma santé. La quarantaine, de type Latino-Américain, avant qu'il se présente je sais qu'il est celui avec qui nous allons devoir passer beaucoup de temps.
« La protection de ma fille ?
– J'ai une dizaine de gars avec elle.
– Vous avez des infos ?
– Non, pas encore, et vous ?
– A priori des catholiques intégristes, mais ils pourraient être aussi des islamistes, voire une alliance ponctuelle.
– Qu'est-ce que vous leur avez fait ?
– Je les ai fait douter.
– Comment le savez-vous ?
– Il me semble que leurs réactions sont une bonne réponse !
– Évidemment... je vous avoue être un peu gêné pour assurer réellement votre protection.

– Trop de cathodurs dans la police ?

– Exactement.

– Casez-nous dans un secteur de pénitencier pas trop désagréable, ce sera le plus efficace.

– Moi qui étais prêt à vous le proposer enrobé de sucre et de miel... je lance le truc immédiatement, avant que vous en parliez à vos femmes. »

John le regarde avec un sourire aux lèvres en se disant qu'ils devraient se comprendre. Il récupère Elena, la serre contre lui, et Ils courent se mettre à l'abri dans un véhicule blindé.

« *Pas si mal que ça le secteur VIP de ce pénitencier ! Bon, les vitrages sont petits et leur blindage vous rappelle où vous vous trouvez, mais pour le reste, c'est un appartement tout ce qu'il y a de plus classique* ».

L'arrivée d'Anna et Gérald crée un peu d'ambiance. Elle est verte de rage et lui, d'un naturel pourtant posé, élève le ton, car ils ne parviennent pas à se faire entendre par la police.

« Papa ! Tout ça c'est ta faute, alors explique à ces bredins moyens que les animaux de notre clinique ont besoin de soins spécifiques, qu'ils ne sont pas dans un zoo. »

Avant même que la porte de l'appartement s'ouvre, John avait entendu leurs éclats de voix. Aussi, lorsque Anna l'interpelle il avait déjà le téléphone en main et attendait qu'Hernandes décroche, car sur le fond, ils avaient raison. Ce petit problème de prise en compte de la réalité fut résolu en quelques secondes, puis il m'annonça que l'évolution de ce qu'il appelait « l'affaire Delatour » devenait imprévisible. Il se reprend et la classe comme « étrange », puis il la modifie encore et il la catalogue dans les « incompréhensibles ». John trouvait bien qu'il tente de définir « son affaire », mais il préférerait qu'il lui explique précisément quel type de difficulté il rencontrait :

« D'abord, vous aviez raison, les islamistes se sont ralliés aux cathodurs. Par contre, vous avez maintenant des défenseurs et j'aimerais que vous éclairiez ma lanterne, parce que la RHA "Raison Humaniste

Armée" moi, ça ne me parle pas... enfin pas qu'à moi, mais à nous et au sens large. Je fais référence à Interpole et aux autres inters non connus du public.

– Désolé, je n'ai jamais entendu parler de la RHA ni même d'une branche humaniste qui ne soit pas armée. Comment se sont-ils manifestés ?

– Par une balle dans la tête d'un membre bien connu du KKK. Acte revendiqué comme étant des représailles de premier niveau.

– Effectivement, cela prend une étrange tournure ! Et comment a réagi le KKK ?

– D'une manière encore plus "pas normale du tout", ils nous ont téléphoné pour avoir des infos sur le RHA !

– Voilà, voilà, voilà... et ?

– Et comme nous ne savons rien, ils vont fumer quelques blacks pris au hasard, histoire de faire en sorte qu'on se bouge le cul.

– Si je comprends bien, ce qui n'est pas une certitude, l'affaire Delatour pourrait être un prétexte.

– Possible, mais si c'est le cas, je n'arrive pas à définir l'objectif qui se cache derrière tout ce bordel.

– Désolé, je n'ai pas de réponse à vous donner... enfin, pas encore.

– Ouais, mais une chose est sûre, ça ne sent pas bon !

– Je vais partir à la pêche auprès de quelques collègues. Ha ! Une petite chose, afin de préserver le secret médical, j'aimerais ne pas être mis sur écoute.

– Hum ! Et comment je me fais entendre par les Inters ?

– Aucune idée. »

C'est au moment où il raccroche qu'il se rend compte que tout le monde le regarde en silence, sa famille et les deux policiers-accompagnants. Visiblement, ils attendent qu'il s'exprime, alors il le fait brièvement :

« En résumé : c'est une merde incompréhensible ! »

Alors qu'il s'apprêtait à titiller ses collègues, il décida d'attendre la fin de journée pour pouvoir discuter librement. Mais en réalité, ce n'était pas la seule raison, car il voulait aussi relire ses notes en premières conclusions de ce qu'il fallait peut-être nommer son essai sur le libre-arbitre ; contrairement aux fascicules, il ne les avait pas transmises.

En quelques phrases, il avait résumé toutes les idées fortes des doctrines, des croyances, des courants de pensée, des sciences qu'il avait survolées et qui sont en relation avec le libre-arbitre. Il pensait que certaines étaient peut-être leur clef de voute commune, et notamment une partie de la fin.

« Ainsi, nous comprenons mieux pourquoi la question du libre-arbitre n'a jamais trouvé de réponse claire et précise, et surtout aucune que l'on puisse qualifier de juste et vraie.

Toutefois, il est des conclusions que nous pouvons tirer de ces analyses :
Si la croyance en le libre-arbitre établie à elle seule la structure de l'éthique de la responsabilité, être conscient des causes, qui par notre nature nous entravent, c'est déjà se trouver sur le chemin de la liberté de pensée.

L'Éthique de la responsabilité :
Est-il faux ou seulement partiellement juste d'en extrapoler que pouvoir décider en libre-arbitre, c'est prendre ses responsabilités en s'autorisant une certaine liberté de conviction. À l'opposé, décider en déterministe, c'est assumer ses convictions sans être pleinement responsable de ses actes.

Décider en toute liberté, c'est-à-dire sans être dépendant d'une contrainte extérieure à notre nature, nécessite de tout connaître de celle-ci ainsi que de son environnement puisque nous évoluons dans celui-ci (je précise : *connaitre,* au sens *savoir,* afin de ne pas se laisser aller à *supposer).*

Inconsciemment, nous prenons des décisions en partie orientées par notre passé, et commandées par les effets des traumatismes que nous avons subis.

Afin de ne pas être pollué par le monde extérieur et les éventuelles contraintes générées par son vécu, compris dans le ventre de sa mère, seul l'enfant encore vierge de toute conscience du monde extérieur, compris celle de ses parents, et en âge de prendre une décision, pourrait user de son libre-arbitre. Est-ce le cas ? Non, car sa nature est sous totale contrainte de corps et en partie d'esprit. Il n'a pas conscience de sa nature ni de celle de son environnement.

Philosophique :
La notion d'appartenance nuit en tout.

Exemple : comment peut-on affirmer « Ce morceau de Terre m'appartient » ? L'idée même est saugrenue et stupide, mais elle est surtout très dangereuse, et universellement nuisible. Vous allez me dire : comment faire autrement ? Faut-il constamment guerroyer pour pouvoir manger, comme le font les animaux de la catégorie des prédateurs ? Faut-il se considérer comme des proies et attendre que la régulation du nombre en fonction de la ressource disponible fasse son œuvre ? Faut-il que la loi du plus fort s'impose ?

Batailler ? Non, mais s'adapter à son environnement sans le détruire, voilà le principe de base qui permettrait de vivre sereinement. Incluse dans ce principe, se trouve la non-multiplication anarchique de l'être humain.

Juridique :
Avoir la faculté de penser et de décider soi-même, librement, indépendamment de toutes contraintes et influences extérieures. N'est-ce pas le principe de la pleine responsabilité juridique de nos actes ?

Mes actes, donc mes pensées préalables à mes actes, doivent être en cohérence avec les lois qui régissent notre clan. Dans le cas contraire, je serai sanctionné par ses représentants de la justice. Sur cette base, ma capacité à penser librement doit-être pleine et entière ou avoir été formatée par ce clan pour être compatible avec les principes moraux qui sont à l'origine de ces lois. Si elle est contrainte par nature (ou supposée l'être), et que cette contrainte n'est pas compatible avec les principes moraux de ce clan, je ne peux pas être classée comme responsable de mes actes pour ce clan.

Imaginons que l'être humain évolue dans un monde où le fatalisme et/ou le déterminisme règnent en maitres absolus : comment établir une règle de justice compatible avec ces doctrines ? En effet, cela signifierait que tout ce que l'être humain réalisera durant sa vie ne relèvera d'aucune morale de clan, puisque prévue ou déterminée selon le principe de causalité stricte (une cause ne génère qu'un seul effet), c'est-à-dire sans possibilité d'aléa, ce tout prenant naissance dès que l'idée d'être créé germera dans l'esprit de ses parents.

Voilà qui serait bien embêtant... ou plutôt, qui nécessiterait une organisation de vie commune totalement différente.

Nous avons bien vu qu'en son temps, les déterministes se sont « arrangés » avec cette difficulté, notamment en instaurant le fameux concept : « la nécessité fait loi ». Ont-ils au préalable défini précisément les notions de nécessité et de loi ? Si c'était le cas, les notions d'envie et de besoin ne pourraient être confondues, et l'évidence se serait imposé d'établir des principes préalables à d'éventuelles lois et décrets d'applications. Et dans ce monde idéal, la seule justice utile serait celle destinée à traiter les déviants, c'est-à-dire les irresponsables. Ainsi, après avoir établi les tests de validation de la notion de déviance, nous pourrions les éliminer rapidement, et ainsi obtenir une race pure exempte de tout défaut. Ben voyons, cela me rappelle une très sombre période de notre histoire... Au secours !

Je sais, certains vont hurler au loup, voire, proposer que je sois pendu sur la place publique... normal, je suis peut-être un déviant !

Synthèse :
Il semble bien que nous ne soyons pas en mesure de maîtriser le plus important de nos atouts : le cerveau. En effet, sommes-nous incapables de dissocier le vrai du faux, l'illusion de la réalité, une perspective plus que plaisante, mais complètement utopiste, d'une réalité correspondant à notre nature (à nos capacités) ?

Libre-arbitre ou pas...
Sommes-nous capables de prendre toutes nos décisions sans être sous contrainte ?

Déterministes ou pas...
Sommes-nous capables de prendre toutes nos décisions selon le principe de causalité unique ?

Rationalistes ou pas...
Sommes-nous capables de prendre toutes nos décisions à la seule raison de nos connaissances ?

Non... osons l'affirmer. Tout d'abord, parce que sans nous lancer dans une analyse systémique de toutes les relations en présence, nous avons l'intime conviction qu'à ces questions la réponse est non. La raison de cette pseudo-certitude est que le champ de nos décisions nous dépasse. Il est trop vaste, trop varié, trop complexe pour que nous soyons en mesure de répondre par l'affirmative. Nous n'en sommes pas capables.

Une fois de plus, c'est le constat qui d'abord s'impose, alors même que nous ne sommes pas certains d'interpréter correctement ce que nous voyons, ce que nous ne voyons pas, ce dont nous nous souvenons, pour prendre ce que nous supposons être une bonne décision.

Une fois de plus, c'est l'estimation que nous nous faisons de la question qui va nous pousser à nous sentir en meilleure situation pour prendre une décision ou poursuivre notre analyse pour, enfin, prendre celle que nous supposons être la moins mauvaise.

Affirmer pouvoir décider en libre-arbitre, en déterministe ou en rationaliste, n'est-ce pas faire fi de la réalité dans le seul but d'imposer son point de vue, et peut-être, finalement de s'imposer dans cette joute, comme le faisait nos chers anciens philosophes avec la discussion, comme le faisait Schopenhauer dans « L'Art d'avoir toujours raison » (mille et une nuits n° 191), comme le fait encore la très grande majorité de nos têtes éclairées, et ce, dans tous les domaines ?

« S'imposer », voici un objectif qui finalement ne nécessite pas d'analyse poussée pour en comprendre la finalité.

Comme nous avons pu le constater, suite à une découverte, affirmer un savoir comme étant « le savoir » risque de le transformer plus ou moins rapidement en erreur qui, avec le temps, s'affichera comme étant « l'erreur » qu'il ne fallait pas commettre.

Prudence, humilité et culture du doute, d'abord par rapport à soi-même, puis par rapport à ses idées, ses travaux et ses conclusions : c'est nous positionner, nous repositionner à notre juste place. Car à ce jour, malgré toutes les avancées que nous avons réalisées, comme le disait Socrate : « Tout ce nous savons, c'est que nous ne savons rien. »

En effet, chaque découverte génère le constat qu'elle confirmera ou infirmera tout ce que nous supposions savoir avant qu'elle voit le jour.

Concrètement, les choses de la vie s'enchaînent et vibrent aussi bien à l'unisson que d'une manière aléatoire, et ce, sans raison prédéfinie. Ce qui est bien dommage, car si c'était le cas, elle nous indiquerait plus précisément le sens du futur. Mais à ce jour, elle ne peut pas qu'être déterminée, libre ou partiellement contrainte, stoïque, indifférente, responsable, fatale ou rationnelle. Car dans chaque question, dans chaque cas étudier à la loupe, dans chaque hypothèse ou pseudo-certitude, se trouve un peu de toutes ces convictions et croyances. Certes, elles sont parfois bien cachées, voire, peuvent se situer à l'orée de l'infinitésimal..., pour autant elles sont là, et bien là.

Parfois, elles servent aussi à justifier ce que nous n'arrivons pas à rendre juste, par exemple : « la justice ».

Parfois, elles nous aident à combattre la peur de l'inconnu, la peur du devenir, par exemple : « les mystères de l'univers ».

Parfois, elles justifient ce qui pourrait être interprété comme la non-maîtrise de nos dieux, par exemple : le bien et le mal.

Et parfois... oui, parfois aussi, elles nient l'existence même des constats. Que penser de la quantité non négligeable d'Américains (estimation : 16 % de cette population) qui croit dur comme fer que la terre est plate (les platistes) ? Que penser des négationnistes ?

Négationnisme, ce terme, encore jeune, n'a peut-être pas encore trouvé sa définition complète. Car hors les génocides et assimilés, il pourrait aisément accueillir l'ensemble de ceux qui réfutent les constats vérifiés un nombre incalculable de fois. Ce terme me semble aussi parfaitement adapté pour définir la non-action des hommes politiques en matière d'environnement... même si pour ceux-là, il faudrait en inventer un qui regroupe Négationnisme et Sophisme (Sophinégationnisme !).

Oui, tout comme le blanc et le noir sont théoriques, que le vrai et le faux le sont tout autant, nous y rencontrons le libre-arbitre, le déterminisme, et tous les autres.

Libre-arbitre ou pas : l'existentielle de cette question n'est-elle pas purement sensorielle ? Ne prouve-t-elle pas que, finalement, ne voulant pas effectuer les efforts nécessaires pour pouvoir partir satisfaits d'avoir réalisé sa tâche existentielle, nous préférons jouir le plus longtemps possible des plaisirs virtuels que nous nous sommes créés... et après nous, le déluge ! »

Sans chercher à mieux les travailler, John transmît ses conclusions aux mêmes dignitaires religieux qui n'avaient pas apprécié sa petite étude. Cela devrait mettre encore un peu plus d'huile sur le feu et, peut-être même, mettre en lumière le RHA. Il était conscient que ses deux commissaires n'allaient pas apprécier le jeu qu'il leur imposait, mais il n'allait pas attendre bêtement le prochain attentat et compter le nombre de morts.

Chapitre 11

« Après nous, le déluge ! »

Voilà qui laissait à penser que si les intentions augmentaient encore et qu'elles suivaient toujours le même chemin, le désastre qui se présentera à nous sera tout sauf une surprise !

John commençait son enquête par le cabinet de son collègue Martin, mais du côté de ses patients : rien, aucune information susceptible de l'orienter. Pour ses autres confrères, et afin de n'oublier personne, il privilégiait la consultation par ordre alphabétique. Tous étaient au courant de l'attentat et certains avaient anticipé ses questions. Ils avaient bien revisité leurs notes, mais rien d'intéressant n'en sortait. C'est au bout de trois heures de politesses, des mêmes questions continuellement posées, qu'il sentit un frémissement dans la réponse hésitante d'un de ses collègues :

« Il s'agit d'un homme de 52 ans, doté d'une allure sportive (il pratique l'aviron) et paré d'une excellente situation professionnelle. Il consulte parce qu'il se sent "envahi d'une croyance catholique nuisible pour sa santé", ce sont ses mots. J'avoue que je partage son inquiétude puisqu'il a dépassé le stade des scarifications et autres douleurs qu'il s'infligeait jusqu'à présent pour *sauver son âme*, alors que maintenant, il a conscience qu'il doit chasser et punir les antéchrists. À part cette tendance, c'est une personne réservée qui préfère écouter plutôt que parler. Il m'a tenu ces propos la semaine dernière, et il a raté son rendez-vous de cette semaine. Voilà, je t'envoie ses coordonnées sur ton portable. »

En effet, ces informations étaient intéressantes, mais le profil psychologique de cet homme ne correspondait pas à celui de leur dynamiteur. D'ailleurs, cela aurait été son action, il aurait plutôt cherché à le purifier par le feu tout en récitant une prière ou un truc du même genre. Mais il pouvait avoir côtoyé ou assisté les intégristes qui commençaient à les passionner. Sans attendre, John transmit le renseignement à ses deux commissaires préférés, seule certitude d'éviter les langueurs liées aux impératifs et organisations des services en matière de communication. Pendant ce temps...

Le sniper est bien installé, il pourra attendre le temps qu'il faudra sans s'inquiéter de la venue d'une éventuelle crampe. Il est bon de ne pas avoir besoin de se presser. De toute façon, il ne fait pas partie des gens qui attirent l'attention par leur beauté ou leur physique bodybuildé. Lui, il a toujours été le petit gros avec des lunettes qu'au mieux on remarque pour se moquer de lui pendant quelques secondes, puis qu'on oublie, comme s'il n'avait jamais existé. Aussi, lorsqu'il a décidé de devenir sniper, il lui a été facile de parfaire son apparence en s'habillant banalement et en ayant une coupe de cheveux encore plus ordinaire. Aujourd'hui, en position d'attente de tir, une question tente à nouveau de s'imposer à lui : « pourquoi être un tueur ? » Et comme chaque fois qu'elle pointe le bout de son nez, il se répond qu'il ne faut pas chercher plus loin que la puissante sensation de se sentir doué dans ce domaine. De là à se spécialiser, il n'y avait plus qu'à oser, ce qu'il avait fait.

Il se souvient... Six ans, il lui a fallu six ans pour à la fois connaître toutes les incidences des environnements sur les tirs et en vérifier, le fusil à la main, les effets. Six ans à parcourir huit pays pour apprendre à tirer sans que l'on remarque sa volonté de devenir sniper. Puis, dès qu'il a fait le constat, avec honnêteté, qu'il était prêt, il s'était dit que la fameuse maxime « Ni Dieu ni maître ! » était pour lui. Son premier tir, il l'avait réalisé pour une société de location de mercenaires. Ce fut le déclic. Dorénavant, il allait choisir ses clients et valider ou invalider la demande de mort. En effet, tuer un enfant de cinq ans dont le seul tort était d'être un futur souverain, très peu pour lui ! Il aime à penser que ses cibles ont mérité leur sort. Soyons honnêtes, cela fait belle lurette qu'il a tiré la chasse et évacué ce qu'il lui restait de sensibilité, c'est l'idée de « bien tuer » qui lui plait. Bien sûr, ce « bien » là est défini selon ses critères, et il comprend être le seul à en saisir le sens.

Une chose est certaine, tuer pour la RHA est acceptable, voire agréable... comme cet instant où il est très confortablement installé dans une luxueuse chambre d'hôtel. Après l'horrible personnage du KKK, sa deuxième cible va sûrement faire plus de bruit en s'écroulant. Enfin, c'est façon de parler, mais mettre une balle en plein cœur d'un évêque catholique qui a la réputation d'être un tantinet intégriste, cela n'aura pas les mêmes répercussions que fumer le crâne d'un marchand de glaces ni même celui d'un KKKiste très connu. Le soleil, le vent, la pression atmosphérique sont les premiers paramètres à intégrer dans la formule d'un bon tir, mais ce ne sont pas les seuls. Les autres sont donnés par les anciens snipers, sous le sceau du secret, et ces variables-là, il ne faut pas les divulguer avant de passer la main.

Si l'évêque respecte son horaire, dans sept minutes il aura une fenêtre de tir.

Il ne sait pas ce qu'ils ont, mais aujourd'hui il occit un catho à Paris, demain un musulman à Marseille et dans la foulée un orthodoxe à Athènes. Bon, il ne va pas s'en plaindre, ils payent vite et bien, mais dans ce domaine-là, il faut éviter de trop travailler en temps rapproché avec le même client, cela donne des habitudes qui naturellement deviennent visibles et, pour un sniper, ne plus être invisible c'est avoir un aller sans retour pour l'au-delà.

Dans trois minutes, il aura une fenêtre de tir... c'est parti !

Trêve de cogitation Marcus, il faut ouvrir ta lunette. Il aime bien lever la protection en ayant l'œil en visée ; en une fraction de seconde il découvre une scène, un petit morceau de vie isolé du reste du monde. Parfois, c'est la couleur qui semble différente, comme si la mort anticipait sa venue.

Les voitures arrivent. Comme toujours, la sécurité se met en place. Comme toujours, les assistants sortent, ils sont là pour planter le décor... et comme toujours, la personnalité fait son apparition sous les applaudissements. Aujourd'hui, c'est un catholique intégriste, demain, ce sera un politicien ou une actrice de cinéma qui sera à l'honneur.

Marcus l'a dans son viseur, parfaitement ciblé. Il pourrait frapper la tête, mais esthétiquement le rouge sang qui va s'écouler du cœur sera trop bien assorti avec la couleur de la chasuble.

L'évêque se dit qu'il aurait pu être en civil, mais il a préféré sa tenue officielle, elle lui va si bien ! Il sait que ses derniers propos l'ont catalogué dans les rangs des intégristes, mais il s'en fiche, ce sont ses convictions. Il y a trop de gens qui n'osent plus afficher leur croyance, et tout autant leurs opinions. Les temps doivent changer, il faut que quelques-uns risquent pour les autres, il faut que... merde ! Pas maintenant, c'est trop tôt ! Trop...

Lorsqu'il appuya sur la détente et qu'il sentit la secousse contre son épaule, mentalement Marcus suivit sa balle. Les différentes épaisseurs de tissu, le gilet pare-balles s'il en a un, « désolé méchant évêque, mais il ne pourra pas arrêter ce genre de projectile : le calibre, la forme, l'enduit, tout est fait pour le traverser. Elle pénètre la peau, casse peut-être une cote au passage, puis visite le muscle creux, explose l'omoplate et ressort. Il est même possible qu'elle ait perforé la première tôle de la voiture située derrière lui... oui, à cette distance, c'est plus que probable. Voilà une bonne chose de faite, maintenant, surtout ne pas quitter les lieux trop vite ni mine de rien, ce serait la bêtise qui me ferait repérer à coup sûr. Et puis, je suis super bien dans cette chambre d'hôtel !

De toute façon, tout est prévu, comme toujours ».

C'est le commissaire Fontaine qui appela John. Ce fut succinct, mais précis, comme l'est la description d'un acte réalisé par un professionnel et expliqué par un professionnel. John détecta même dans sa voix quelque chose qui ressemblait à de l'admiration !

« C'est du bel ouvrage ?

– Oui, je reconnais que c'est un travail effectué par un peu plus qu'un professionnel. À ce stade-là, nous entrons dans le domaine de l'art.

– Cela devrait réduire le nombre d'exécutants potentiels !

– Effectivement, mais meilleurs ils sont, plus difficiles ils sont à repérer. D'ailleurs, ceux dont on connait la gueule ne vivent pas très longtemps.

– Et que vous susurre votre intuition ?

– Que cela ne fait que commencer.

– D'accord avec vous, et ce n'est pas une bonne nouvelle, car vous aurez toujours un temps de retard sur ce, et certainement bientôt, ces tueurs.

– Oui, j'en suis conscient.

– Qu'en pense Hernandes ?

– Qu'une grosse, très grosse merde devrait rapidement arriver sur son secteur.

– Et vous ?

– Qu'au contraire, leurs actions devraient s'éparpiller !

– Je suis encore d'accord avec vous. »

À peine raccroché, le commissaire Hernandes se présentait à la porte de leur nid douillet.

« Je suppose que vous êtes au courant de tous les évènements ?

– Oui.

– Je vous avoue être inquiet, je n'aime pas que l'on s'en prenne à des personnalités religieuses.

– Vous avez peur des réactions du rationnel face à l'irrationnel ?

– Je l'aurai dit plus simplement, mais oui, c'est ça.

– Désolé, mais je ne peux pas vous aider. Qui plus est, je ne suis pas un adepte du béhaviorisme.

– Sur le fond moi non plus, mais j'avoue qu'avec ce qui se trame, je me repose la question !

– Je suppose que pour l'instant, nous restons ici !

– Oui, mais comme vous le dites : pour l'instant ! »

Il repartit en regardant à droite, à gauche, comme si ses yeux cherchaient une réponse dans le mobilier passe-partout de cette planque.

Autant l'opération « La mort d'un évêque à Paris » a fait beaucoup parler et couler encore plus d'encre, autant les réactions des Marseillais ne s'en tinrent pas qu'à rouspéter. Il est vrai que la méthode choisie par Marcus était justement faite pour attiser encore plus de haine... respect des ordres donnés par le financeur oblige. Une balle incendiaire de gros calibre dans le réservoir de la Mercedes de l'imam et le voilà « Tout feu tout flamme », avec l'odeur du grillé en prime. Tout pour que cet outrage reste gravé à jamais dans les annales des bonnes raisons de partir en guerres saintes. Deux heures après, l'attentat était revendiqué par « La main armée de Jésus Christ ». Hors ce contexte, tout le monde aurait pris l'appellation de ce groupe comme une bonne grosse blague bien conne, mais dans ce climat, elle était ce que voulaient les instigateurs : une provocation de plus. Et justement, ce plus-là avait pour objectif d'être celui de trop. Dès l'attentat, des musulmans s'étaient rassemblés et l'on sentait la présence de la violence qui s'était aussi invitée. Elle n'était plus sous-jacente, et si elle n'avait pas encore explosé, c'était qu'elle attendait que la mèche soit allumée. Ce fut la revendication qui mit le feu aux poudres. Dans la minute qui suivit, Notre-Dame de la Garde connue de tous pour être *La bonne mère*, fut incendiée et ça, c'était ce qu'il ne fallait pas faire, sauf à vouloir créer une guerre civile... et ce fut ce qui arriva. On vit les hommes retourner chez eux ventre à terre, mais ce n'était pas pour se mettre à l'abri, car ils en ressortirent très vite et armés. Dans la série :

comment ôter la vie de son voisin que l'on ne peut plus saquer ? comment tuer le plus rapidement possible ? voici « Marseille en sang ». Armes à feu, arbalètes, fusils de chasse sous-marine, sabres, machettes, couteaux, et d'autres trucs sans nom, mais tout aussi dangereux apparurent. Et l'on vit des têtes rouler dans les caniveaux, des boyaux joncher le sol, et bientôt, les morts se comptèrent par centaines. L'armée intervint, et la guerre entre civils se transforma en armée contre civils. Mais les morts ne se firent pas plus propres pour autant. En 12 heures, on en estima le nombre supérieur à 10 000, quant aux blessés, impossible de les dénombrer.

La famille Delatour and Co suivait l'évolution de la situation à la TV, en direct. Mais ce que ne disaient pas encore les reporters, c'était qu'en banlieue parisienne la violence qui avait la particularité d'être toujours plus ou moins à la limite d'exploser, sans jamais le faire réellement, se sentait tout à coup libre de s'exprimer. Trois heures après Marseille, c'était la banlieue parisienne qui était en feu. Lyon suivit le mouvement et, rapidement, toutes les villes qui avaient un quartier sensible se trouvèrent confrontées au même problème. C'est une fois la violence bien installée que l'appel à la Guerre Sainte fut lancé sans que l'on sache vraiment par qui. Mais une chose était certaine, cela concernait toutes les confessions. Chacun détenait la vérité et devait tuer pour la préserver. Maintenant, si vous vouliez suivre le précepte du « Tu ne tueras point », alors que vous habitiez dans un secteur qui sentait la poudre, vous aviez peu de chance de vous en sortir, voire aucune.

C'est à ce moment que le commissaire Hernandes fit son entrée dans notre planque, accompagné d'une dizaine de policiers armés jusqu'aux dents. Ils nous tendirent des armes de poing, nous demandèrent de les prendre et de les suivre. Dans la série « Elle est bien bonne celle-là, nous, on ne sait pas s'en servir de ces trucs-là ! » voici la famille Delatour and Co. Aucun de nous n'avait jamais tiré ni même tenu une arme en main !

Pauvre Hernandes, à ce moment John le vit s'avachir. Il était possible de lire dans ses yeux que, finalement, se mettre une balle dans la tête serait plus simple. Il s'approcha de lui, planta ses yeux dans les siens et, armé de toute la conviction nécessaire pour lui redonner confiance, il lui demanda de leur apprendre à tuer, là, tout de suite, en tir réel contre un mur.

« Tiens, les novices semblent avoir de la volonté ! Finalement, c'est peut-être ça le principal », se dit Hernandes.

Il esquissa un sourire et se mit à nous expliquer le B. A.BA pour utiliser les armes sans danger pour soi et ses proches. Celle qui en quelques secondes fut capable de tuer un être humain identifié comme ennemi, ce fut Anna. Étrangement, son père ne fut pas surpris. En un petit quart d'heure, ils avaient chacun choisi l'arme qui leur convenait le mieux et savaient s'en servir. De là à tirer sur un être humain, il y avait un pas délicat à effectuer, et ils ne savaient pas si ils seraient capables de le réaliser, même en cas de besoin.

Tandis qu'ils roulaient vers une planque plus sûre, Hernandes informa John que, non seulement les quartiers sensibles américains avaient suivi le mouvement des Français, mais que, les uns après les autres, les pénitenciers se révoltaient aussi et cela finissait en boucherie.

« Dans quel secteur allons-nous ?

– Un petit coin tranquille sur le bord du lac Huron. Une fois sur place deux agents resteront avec vous 24 h/24. Et vous, que comptez-vous faire pour tenter d'apaiser ce vent de folie ?

– Parce vous croyez qu'un petit psy connu de personne peut influer sur le besoin, longtemps refoulé, de guerroyer des êtres humains, alors qu'il est certainement le virus le plus mortel que la Terre a connu depuis sa création ?

– Sans vous en faire la critique, c'est quand même vous qui êtes à l'origine de ce merdier !

– Si cela ne vous gêne pas, il est plus juste de faire le constat que la RHA et les responsables des diverses confessions se sont servis de mon étude comme prétexte pour mettre le feu à des poudres qui étaient déjà bien chaudes. Je vous rappelle que dans mes écrits, je n'ai jamais incité à la haine ni préconisé d'user de la violence pour adoucir le besoin de domination que chacune de ces religions veut imposer.

– Ouais... ce n'est pas faux.

– J'ai l'impression que cela vous arrangerait que j'aie eu de mauvaises pensées ! Si c'est le cas, rappelez-moi de vous installer sur mon divan dès que nous arriverons.

– Non, mais vous comprendrez que je ne peux pas vous évacuer de la liste des suspects, comme ça, parce que d'autres affichent ouvertement leur volonté de foutre le bordel.

– Si vous avez des doutes, enquêtez ! N'hésitez pas !

– C'est ce que je fais.

– Et ?

– Et rien pour l'instant.

– Désolé de ne pas pouvoir mieux vous aider. »

Une fois arrivés, une maison de taille moyenne se présente à eux. Elle est d'un aspect sympathique, mais dénuée d'éléments de décoration. Certainement un acte volontaire pour passer inaperçue. Elle est située à une centaine de mètres du lac. Cela la protège des humeurs de celui-ci et permet d'avoir le temps de réagir si des personnes mal intentionnées accostent soudainement. Finalement, cette centaine de mètres de sécurité se retrouve de chaque côté de la maison. De plus, s'ils sortent prendre l'air, ils ne seront pas une cible, car ils seront bien cachés de la vue par d'épais taillis et de petits arbres au feuillage persistant. John avoue que cela aurait pu être pire. Il espère simplement que la tornade humaine ne viendra pas chercher ses cadavres jusque-là. La réception des portables est bonne et l'informatique a un bon débit. Finalement, le seul élément qui risque d'attirer l'attention, c'est la présence de leurs deux gardiens.

Il en parla à Hernandes, mais il ne lui laissa pas finir sa phrase. À la TV, c'est maintenant partout sur la planète que les humains se tuent au nom des dieux qui n'existent certainement pas. Même les hôpitaux sont incendiés… ben oui, c'est normal, on ne va pas, en plus, accepter que tous les blessés soient soignés au même endroit par le même personnel !

John se disait que, finalement, il serait peut-être bon que ces évènements durent une quinzaine de jours, histoire que chaque famille soit touchée de près ou de loin par un décès… peut-être que cela apaiserait pour un temps la folie meurtrière humaine ! De toute façon, la mort est déjà très présente partout où la densité de population est importante.

Sur tous les continents et dans tous les pays, même les plus isolés, les combats font rage. De provocations, par nature superficielles, les conséquences des affrontements ont maintenant atteint les fondements, ce qui fait que les êtres humains sont ce qu'ils sont : tous par essence identiques, mais avec le ressenti d'être réellement tous différents. Les chefs religieux n'incitent plus au respect, à la tolérance, au pardon… trop peur ils ont de finir comme leurs ouailles : décapités, émasculés, déboyautés ou encore brûlés vifs pour bien afficher que dorénavant, c'est l'esprit de vengeance qui fait loi. Et les gouvernements dans tout ça ? Ce sont des appels au calme, des incitations à se comporter comme des êtres humains, rejet de la tentation de se faire justice, de s'interdire les actes de vengeance… mais rien n'agit favorablement, voire tout engage à une plus grande colère de ne pas être compris, de ne pas être soutenu dans une action que chacun pense être légitime. Comment ne pas le ressentir alors que vous avez vu, de vos yeux vus, votre fille se tordre d'une douleur indescriptible alors qu'elle flambait en pleine rue ? Et ses tortionnaires de l'arroser encore d'essence pour qu'il ne reste rien de celle qu'ils qualifient encore d'impie !

LE LIBRE-ARBITRE

Alors c'est la force que les gouvernements engagent. La force fait loi, parait-il ! Peut-être, dans certains cas, mais pas lorsque toutes les raisons sont présentes pour que tuer pour éviter de mourir apparait comme étant la seule issue possible. Chaos, guerre, exécration non contenue... tout s'installe très vite.

Chapitre 12

John s'interroge sur la fameuse RHA. Inconnue de tous, elle sait parfaitement mettre de l'huile sur le feu au bon moment, et elle le fait en usant de personnels hyper compétents, donc très couteux. Ce ne sont pas les énervés du coin qui, entre deux bières, décident de foutre le bordel sur la planète. Intelligents et organisés, ceux qui sont derrière elle possèdent aussi de gros moyens financiers. Concrètement, ils ne veulent pas enflammer la terre simplement pour le plaisir, par vengeance, ou pour imposer une autre religion. John aimerait beaucoup pouvoir discuter avec son responsable, mais quelque chose lui dit que cela risque d'être un peu compliqué. Il appelle le commissaire Fontaine, curieux de savoir s'il a pu avancer sur le sujet.

« Sur la RHA directement, non, mais nous sommes sur la trace d'un de leurs sous-traitants. Un transfert de fonds de sociétés-écrans en sociétés-écrans, de paradis fiscaux en paradis de blanchiment par les œuvres d'art, enfin, toute l'armada des possibilités existantes à ce jour pour cacher un transfert de fonds. Seulement voilà, il y a un de ces échelons qui nous appartient ! Eh oui, le gouvernement blanchit de l'argent pour savoir qui cherche à en blanchir. Et dans la série, je suis capable de mieux me planquer que tous les autres pour que les inspections financières ne me trouvent pas, je suis, je suis... une inspection financière ! Concrètement : d'abord, plusieurs milliards injectés pour faire tourner la machine afin qu'elle soit crédible. Puis, à la sortie, plusieurs dizaines de milliards de récupérées. Je sais, c'est un peu tordu, mais c'est un principe qui finalement n'est pas injuste.

– Et en première impression, qui est-ce ?

– Le nom ne vous donnera aucune information puisque comme toujours il est faux, mais les sommes transférées nous indiquent qu'il est probable que ce soit pour un tueur. Peut-être pas celui qui nous intéresse, mais on s'en contentera.

– Cool ! Vous me tenez au courant ?

– Ouais ! dirait mon collègue masticateur de gomme à mâcher.

– En parlant de lui, il pense que je pourrais faire partie du complot.

– Désolé, mais c'est un peu normal... pour un flic, toutes les hypothèses doivent être vérifiées.

– Ouais ! pas convaincu que ce soit la meilleure solution quand il faut faire vite. Au fait, ils nous ont transféré dans un petit coin de paradis en bordure du lac Huron.

– Tiens ! Les States ne nous ont pas encore mis au courant de la chose.

– Ouais ! j'vais faire gaffe. » dit John en imitant lui aussi l'accent d'Hernandes.

Pensif, Nikos Palakis regardait ses écrans. Il prit son portable, connecta son brouilleur et appela Marcus.

« C'est moi, nous avons un problème. Un de vos collègues s'est fait repérer. Désolé, mais pour garantir la sécurité du processus, il faut l'éliminer. Acceptez-vous cette charge ?

– Je n'aime pas faire ça... d'ailleurs, aucun de nous n'aime faire ça... oui, je suis d'accord.

– Je vous transmets les informations. Le travail doit-être réalisé le plus rapidement possible, et quelques soient les difficultés, avant 72 h à compter de cet instant. Bonne chasse. »

« Dire que je n'aime pas éliminer un collègue n'est pas tout à fait vrai, car en réalité : j'ai horreur de faire ça. Cela nous plonge dans le fond d'une vie qui peut à tout instant s'arrêter. Pour une raison de sécurité impossible à vérifier, elle peut cesser ». Il le sait, il connaît la règle du jeu, il a conscience du grand écart qu'il s'impose. Mais comme toujours, le blanc ou le noir n'existe pas, et comme tout est invariablement gris, il faut simplement accepter la dose d'aléa qui peut constamment faire tout basculer.

« Voilà les infos... je n'ai jamais entendu parler de lui. C'est mieux comme ça. Ne t'inquiète pas, je vais faire en sorte que tu ne te rendes compte de rien ».

« Ainsi, nous avons une brebis galeuse dans le troupeau, et c'est une de ces trois-là ».

Nikos regardait les noms de ces sociétés et se remémorait l'attitude de leurs représentants, alors qu'il avait pu les observer, sans être visible lui-même. Ce jour-là, il n'avait rien remarqué. Et du souvenir qu'il en avait, il en tirerait la même conclusion aujourd'hui.

Un des nombreux avantages qu'il pouvait sortir de l'immense merdier qu'il avait semé, c'était que, quelle que soit l'importance des personnes qu'il allait éliminer, en première impression, tout serait mis sur le compte des Guerres Saintes. Sacrés prétextes ! de tous temps, elles ont toujours permis de générer de monstrueux bénéfices.

Un observateur avisé capable de scruter l'activité cérébrale de Nikos s'apercevrait immédiatement qu'amasser des sommes considérables ne lui faisait ni chaud ni froid. Ce qu'il cherchait, c'était d'avoir les moyens de changer les mentalités des hommes, et plus concrètement, de les obliger à devenir plus humains.

Nikos aurait aimé utiliser le terme « inciter », mais le monde n'en était plus à ce niveau-là. Il avait eu la possibilité de faire les choses sereinement, mais la sensation de plaisir qu'il pouvait tirer de ses envies avait été trop forte. Aussi, comme souvent, il ne restait plus qu'à détruire pour reconstruire. Si lui, Nikos Palakis, parvenait à réaliser 80 % du projet de base, il savait qu'il réglerait tous les problèmes, et ce, pour plusieurs décennies. Enfin, c'était ce qu'il espérait. Mais il savait aussi que s'il n'aboutissait qu'à 50 %, il faudrait aller plus loin, plus fort et plus vite. Dans ce cas, il avait conscience que l'irréversible était possible.

Il se souvient... lorsqu'il avait été approché par celui qui s'était défini comme étant l'explorateur de la RHA, celui-ci avait été rapide et succinct, mais étonnamment précis. Il lui avait présenté leur projet et pensait que Nikos pourrait en diriger la phase opérationnelle. Mais pour cela, il y avait une condition à satisfaire : acquérir plus de connaissances. Il avait réfléchi quelques heures et finalement avait accepté le deal.

Il s'était mis à étudier. Dans tous les domaines, il était reparti des bases. Pour lui, impossible d'être efficace sans démarrer des origines. Physique, neuroscience, épistémologie, métaphysique, philosophie et sociologie constituaient la structure sur laquelle les fondements du projet de la RHA étaient posés. Mais rapidement, il comprit que le modèle d'apprentissage linéaire n'était pas satisfaisant. Aucune analyse ne devait l'être sans qu'elle subisse d'abord les lois de toutes les sciences pour être ensuite intégrée dans chacune d'elles. Il lui avait fallu trois ans pour considérer avoir acquis un savoir suffisant, et pouvoir l'utiliser avec efficacité. Enfin, par un beau matin de printemps, alors que la chaleur psychologique du soleil se faisait sentir bien avant celle purement physique, alors qu'il marchait d'un pas moyen entre le Louvre et l'Arc de Triomphe, il avait tout à coup prononcé à voix haute :

« Je suis prêt ! »

Une femme entre deux âges qui le croisait lui dit sans ralentir : « moi aussi ! » Il ne comprit pas ce qu'elle voulait exprimer. Elle se déplaçait d'un pas rapide, ponctué par ses bras en balancier qui lui faisaient légèrement fléchir le buste en avant... elle ne tourna pas la tête ni même ne réalisa une amorce de geste qui laisserait supposer quelque chose... étrange !

Il était prêt, prêt par le savoir, mais l'était-il psychologiquement pour réaliser les ignominies qu'il allait devoir mettre en œuvre ? Ça, il ne faisait que le supposer, même si son psy lui avait fait remarquer à plusieurs reprises qu'il semblait être dénué d'empathie, même si en matière d'émotion, il lui semblait plus approprié de parler de « self-control capable d'éviter de se laisser submerger ». Mais il reconnaissait qu'il était parfois difficile de définir la limite entre ces deux capacités mentales, d'autant plus que l'une pouvait aisément se travailler, alors que l'autre était par nature innée.

Aujourd'hui, il allait privilégier la sécurité : si une branche est pourrie, il faut la couper. Mais si il y a encore un doute, il faut tronçonner toutes celles dont on n'est pas sûr à 100 %. Cela générera un retard, donc plus de dépenses et d'énergie, mais ce n'est pas grave, pour régler ces problèmes-là, il a une marge de manœuvre non négligeable en magasin.

« Ha ! Le grand ménage continue », se dit Marcus. Un directeur de société bancaire et ses deux adjoints, solution radicale et certainement très efficace, car après ça, qui reprendra la direction de cette société ?

« Voyons voir ! En première solution : une petite bombinette dans la salle de réunion... inconvénients : chronophage, car l'organisation doit-être parfaite.

Le bon vieux fusil de précision à lunette ? Marcus garde l'idée, elle a toujours prouvé son efficacité. Le poison ? Aléatoire, trop de paramètres à contrôler. La suffocation par la ventilation ? Trop de victimes collatérales. L'accident de voiture ? Il faut qu'ils soient tous les trois dans le même véhicule... là encore, aléatoire. Il en passait en revue encore une bonne dizaine, mais aucune n'était plus simple et plus sûre que le tir à moyenne distance.

Maintenant, le site de la société située à Montréal (Québec). Bon, en fin de printemps pas de difficulté avec l'environnement, à part les embouteillages bien sûr. Pas de souci non plus pour trouver le matériel... c'est parti !

Des bureaux dans un secteur dédié au tertiaire ? Un peu trop de monde.

Les logements de fonction ? Tous regroupés dans le même lotissement, pour un peu, il serait coloc ! Il aime bien la petite colline qui se situe à sensiblement 200 mètres de là... vérification : 212 mètres. Bonne vision d'ensemble, en deux points de visée il devrait pouvoir réaliser les trois tirs ». Il valide cette solution.

Le lendemain six heures. Il fait froid, mais avec des gants très souples et son système de piège-buée, cela devrait le faire. Six heures trente, la porte automatique du garage de la villa se lève, une Chevrolet en sort. Pendant ce temps, le portail coulissant de la propriété s'ouvre. La voiture fait quelques mètres sur la route et s'arrête. En directeur attentionné, il patiente qu'il se soit bien refermé, et il s'en va. Cinq minutes après, un de ses adjoints sort, mais sans vérifier le bon fonctionnement du portail et... et surprise ! il n'est pas seul, le deuxième adjoint est avec lui ! Bien, encore plus simple. À part le froid aux pieds qui nécessitera une deuxième paire de chaussettes : RAS.

Il attend un peu. Sept heures trente, la femme du directeur sort avec ses deux enfants, leur cartable sur le dos, elle les emmène à l'école. Concernant la villa des adjoints, personne ne bouge jusqu'à 8 h, heure à laquelle celle qui doit être une femme de ménage entre dans la villa. Demain, nous serons mardi. Il n'y a aucune raison pour qu'un changement survienne.

Le lendemain à six heures il est en place, les pieds couverts d'une deuxième couche de protection. Même météo que la veille. À la même heure, le directeur sort sa voiture et, comme la veille, il attend que le portail se ferme. C'est à ce moment-là que la balle part, suivie du « pfouff » provoqué par le silencieux. La voiture continue à ronronner, elle ne bouge pas. Il vérifie : il a la tête penchée en avant, enfin, ce qu'il en reste, car il manque une grosse partie du crâne. La balle est entrée juste derrière la tempe et à emporter tout ce qui trouvait sur son passage en ressortant.

LE LIBRE-ARBITRE

Il se positionne pour la deuxième villa, dans l'alignement du garage. La porte sectionnelle se lève, la voiture sort doucement. La première balle cueille le conducteur à hauteur du visage. Il lui est difficile de mieux viser à cause des reflets sur le parebrise. La deuxième atteint le passager au niveau de la poitrine. Maintenant, il peut analyser les mouvements qu'ils font afin de porter les coups mortels. Le conducteur ne bouge pas d'un millimètre. Par acquit de conscience, il vise le cœur et tire. En traversant ce magnifique mécanisme, la balle détruit tout ce qui s'y trouve, puis elle poursuit sa course. Elle traverse le siège conducteur, le siège arrière et se fige dans la structure du coffre. Sans attendre, il vise à nouveau la tête et appuie sur la détente. Il distingue nettement qu'elle est projetée en arrière. Il n'en reste qu'une bouillie. Le deuxième fait tout ce qu'il peut pour que l'air emplisse ses poumons, sa tête ballote de droite à gauche. Une balle dans la tête et une en plein cœur pour lui aussi. Il n'a pas besoin d'aller vérifier, il sait qu'ils sont tous les deux morts.

Il préfère ne pas assister à la scène où les enfants découvrent le corps de leur père, surtout avec la moitié du crâne en moins. Il sait qu'ils en seront traumatisés à vie, à moins que... il cherche à repérer l'emplacement du réservoir, une balle bien ajustée et tout devrait brûler. Mais à ce moment, la porte d'entrée de la maison s'ouvre et sa femme apparait, surement intriguée par la voiture qui ne bouge pas. C'est maintenant ou jamais... il pense deviner où le réservoir se trouve, mais surtout, où se situent les renforts de carrosserie. Il appuie délicatement sur la détente. La secousse contre son épaule lui est toujours agréable, elle donne vie à son arme, d'ailleurs, il n'est pas rare qu'il lui parle. Le réservoir n'explose pas, mais une jolie gerbe de feu embrase tout l'arrière du véhicule. La femme pousse un cri. Elle s'approche en courant maladroitement, il est vrai que courir avec des pantoufles n'est pas très pratique. La chaleur des flammes l'empêche de s'approcher du foyer. Elle le contourne et va vers la portière. Il a envie de lui hurler de s'éloigner, lorsque la mort se présente, avide d'être rassasiée, il ne faut surtout pas la provoquer. À la fenêtre du premier étage, deux petites têtes apparaissent. C'est à cet instant que l'ensemble de la voiture s'embrase d'un coup, dans un « wouf » qui, même à deux cents mètres de là, laisse imaginer la chaleur qu'il produit. Oui, puissante est la chaleur dégagée, trop puissante... immédiatement, la robe de chambre et les cheveux de la femme s'enflamment. Sous l'effet de la douleur, elle a dû inspirer et l'air brulant a pénétré au plus profond des alvéoles de ses poumons. Elle tourne sur elle-même, les bras écartés, et s'écroule sur place, contre la carrosserie. Il s'éloigne en se faisant la remarque que dans ce domaine-là, le mieux est toujours l'ennemi du bien.

Le commissaire Fontaine regardait la défaite des services financiers du gouvernement d'un sale œil. Car non seulement les têtes de l'exécutif de cette affaire étaient coupées, mais la question qui se posait maintenant était de savoir qui accepterait de les remplacer ? À part des dépressifs prêts au suicide, honnêtement, personne. Quant à la possibilité de remonter le virement au profit d'un éventuel tueur, on pouvait l'oublier puisque ce dernier était mort par l'arme avec laquelle il avait péché, c'est-à-dire d'une balle dans la tête qui avait pénétré par l'arrière du crâne. En langage de tueur, c'est une marque de respect, presque une excuse : « Désolé mec, mais je n'ai pas le choix. Au moins, tu ne t'en rendras pas compte. » Il avait été élu le premier des maillons faibles. Fautif ou pas, il s'était trouvé perché sur la mauvaise branche.

Voilà, à ce jour son enquête était revenue à son point de départ.

Dans tous les coins sensibles, les armes crépitent, là où passent les lames le sang coule et les foyers brûlent, avec ou sans leurs occupants. Le gouvernement français a été le premier à instaurer le couvre-feu, les autres pays n'ont pas eu d'autre choix que de suivre le mouvement. Ce qui inquiète le plus le commissaire Fontaine, ce sont les slogans des appels au meurtre. Indépendamment des éternels antisémites, Arabes, noirs et pédés, les cibles qui maintenant s'imposent sont les religions, toutes les religions, compris les plus pacifistes et les non-violentes. En conclusion, tout le monde a une bonne raison de tuer tout le monde, et une grande majorité pense que ce monde-là devrait mieux s'en porter. Aux oubliettes les problèmes environnementaux, les épidémies et les cancers. La mort ne pouvait plus se permettre d'attendre les incubations et les lentes descentes aux enfers pour assouvir ses besoins, elle devait se montrer rapide et efficace.

Pendant ce temps, sur les bords du lac Huron, au rythme des continuelles images d'horreurs que la télé diffusait, les jours passaient. Chaque cité en feu était l'occasion d'une savante explication donnée par tel philosophe, tel sociologue et, bien sûr, par des représentants de cultes, confessions et églises de toutes sortes, compris celles dont personne n'avait jamais entendu parler.

De quelle manière les choses vont-elles évoluer ? Est-ce que derrière tout ça il y a un pilote avec une idée précise, il est encore trop tôt pour le savoir. Toutefois, ce n'était pas la première des préoccupations de John. En douce, il s'était confié à sa famille sur les doutes qu'il ressentait envers ses soi-disant agents de sécurité, et plus précisément Hernandes. Le fait que ce dernier n'ait pas tenu informé son homologue français de leur déménagement enfonçait encore plus le clou dans la chair fraiche et tendre dont ils étaient encore faits. La situation était un peu compliquée. Non seulement ils devaient tous en chœur veiller à prévenir et empêcher les intrusions sur le site, mais ils devaient aussi détecter les signes avant-coureurs qui laisseraient supposer qu'Hernandes et sa bande pouvaient agir avec un autre but que d'assurer leur protection.

John avait lu et relu ses études. Il les avait fait aussi relire à Elena, il avait trop confiance en sa logique pour se passer de ses critiques, ainsi qu'à Anna pour la vigueur de ses impressions. Après discussions, il conclut que s'il devait les réécrire aujourd'hui, il n'en changerait pas un mot. Bien sûr, les questions qu'il posait étaient embarrassantes, mais à quoi servirait une question si elle ne générait pas une réflexion suivie d'une réponse ? Poser une question ouvre le dialogue, permet à la personne qui la reçoit de prendre le temps nécessaire pour étayer son retour, voire, pour ne pas commenter le sujet en expliquant pourquoi.

Dans le sujet qui nous concerne, la seule raison qui pouvait laisser à penser qu'il serait bon de ne pas le traiter, c'était qu'il possède en son sein un effet psychologique dévastateur. Il serait possible de penser qu'il soit posé avec pour objectif caché de détruire, mais ce n'était pas le cas. Maintenant, rien ni personne n'empêchera jamais un manipulateur de chercher à imposer son point de vue en détournant la nature de la réflexion, en imposant un élément perturbateur entre la cause et les effets qu'elle est censée pouvoir produire. Qui aurait intérêt à détruire le principe de la croyance en un dieu ? Voilà une question à laquelle il faudrait pouvoir répondre. Une autre croyance ? Une organisation qui aurait pour objectif d'apporter un bien-être manquant ou un impératif non satisfait ? À part la lutte pour l'environnement, pour l'instant, il n'en voyait pas d'autres.

Alors qu'il se creusait le ciboulot, son téléphone sonna :

« Commissaire Fontaine ! Faites-moi plaisir, dites-moi que l'enquête avance vite et bien !

– Raté. Par contre, j'affirme qu'elle recule très bien, et qu'elle n'est pas prête à reprendre le dessus rapidement. Je vais vous la faire courte. La piste du tueur n'est plus d'actualité, puisqu'il a reçu une balle dans la tête, et notre fausse société de blanchiment a été découverte, ce qui a généré la mort de ses trois directeurs. Le reste, vous le voyez à la télé.

– Bon, si c'est la RHA qui est derrière tout ça, nous savons une chose : elle ne lésine pas avec la sécurité. Qu'allez-vous faire maintenant ?

– Franchement ? je ne sais pas. Enfin si, j'ai une piste, mais c'en est une que nous avons lancée dès la première heure, car nous savons d'expérience qu'il faudra beaucoup de temps pour en sortir quelque chose et, en plus, ce sera sans garantie. Il s'agit de l'Opus Dei.

– J'ai déjà entendu parler de cette institution... si mes souvenirs sont bons, elle est en relation avec l'Agnus Dei. Cela sous-entendrait que des moines n'hésiteraient pas à tuer au nom de Dieu en lui offrant leur vie éternelle, enfin, un truc comme ça !

– Oui, ce n'est pas trop mal résumé. Toujours est-il qu'avec eux, il y a une chose de certaine, ils savent astucieusement bien se protéger et leurs méthodes sont dignes d'être couchées dans les romans de Dan BROWN (Da Vinci code).

– Commissaire Fontaine, juste une petite remarque : en quelques secondes, nous venons de constater que les uns ne lésinent pas sur la sécurité, et que les autres savent astucieusement bien se protéger... je ne sais pas pour vous, mais pour moi, les coïncidences sont rarement le fruit du hasard.

– Hum, c'est une bonne réflexion ! Bon, dès que j'ai une merde je vous la présente, d'accord ?

– Pourquoi pas ! et concernant Hernandes et notre déménagement ?

– Aucune communication de sa part, je vais l'appeler pour prendre des nouvelles, nous verrons bien comment il réagit ! »

Aussitôt dit aussitôt fait, le téléphone d'Hernandes sonna. Il le regarda et lut « Fontaine ». Il attendit encore une sonnerie puis décrocha.

« Alors, quoi de neuf dans la patrie de Napoléon ?

– Bon, une petite pour nous détendre. Est-ce que tu sais qu'il est à l'origine d'une blague qui revient assez souvent lorsqu'il y a un vote en Corse ?

– Non, je ne crois pas avoir déjà lu un truc de ce genre...

– Napoléon a été le premier à faire voter les morts ! Plus de bulletins de vote que de votants, pas mal non ?

– Je savais que son mariage n'était pas valide, mais j'avoue que faire voter les morts, il fallait oser !

– Comment vont nos protégés ?

– Pour l'instant, pas d'actions nuisibles contre eux, mais comme la situation risque de durer, nous avons décidé de les transférer dans une autre planque, un endroit plus agréable. Je t'envoie les coordonnées avec le point de nos recherches sur les terroristes, mais en clair, rien de palpitant.

– Nous non plus, nous ramons lamentablement. Tout ce que nous savons, c'est que l'organisation qui se cache derrière ce gros bordel est une mordue de la sécurité. Si une branche risque seulement de devenir visible, il la coupe sans état d'âme. En bref, il y a des morts dans tous les coins et ils ne nous apprennent pas grand-chose.

– Bon... à suivre ! »

Une fois raccroché, Fontaine resta quelques instants le regard dans le vague... il était perplexe. Comme il se dit dans le Loir-et-Cher : « Il n'est pas franc du collier celui-là ! », mais ce n'était qu'une impression, d'ailleurs, il n'avait pas hésité à transmettre l'info sur le déménagement...

« N'empêche, il y a un truc de pas net », dit-il à voix haute.

Nikos regarde d'un air pensif la mer Égée. Il aime bien revenir régulièrement près d'elle, il pourrait presque affirmer que c'est un besoin !

Tout est prêt. Il peut lancer la phase finale du processus.

Il prend son portable et compose un numéro de code. Sans que son visage trahisse la moindre émotion, il valide et raccroche. À cet instant, il vient de décider la mort de plusieurs centaines de personnes qui assistent à la bénédiction en l'honneur de « La visitation de la vierge Marie » au Vatican. Étant bien malade, le pape n'a pas pu y participer, ce qui a bien allégé l'organisation de la sécurité du site, mais bon nombre de cardinaux sont présents. Il attendit une minute, puis recommença la même procédure. Maintenant, il vient de transmettre un message de revendication signé le GIM : Groupe Islamiste Modéré, organisation qui n'existait pas avant cet instant.

Voilà, l'alliance de raison qui vivotait tant bien que mal est théoriquement morte. Il va attendre les éventuelles prises de position des autres religions et, s'il n'y en a pas de franches et directes, il les prendra à leur place... « *Oui, Nikos, avance vite et bien, mais contiens tes ardeurs* ».

Que ce soit avec colère ou sérénité, le besoin de fondre sur ces guimauves, le sabre à la main, était si puissant qu'il n'arrêtait pas de tourner sur lui-même en se répétant cette petite phrase : « *Doucement Nikos, le temps de la raison va bientôt s'imposer. Oui, ils vont enfin comprendre que pour aboutir, la puissance doit logiquement se mettre au service de la raison. Adieu Thomas d'Aquin, Maïmonide et les autres, mais surtout, jetons au bucher leur idée saugrenue de mettre la philosophie au service de la théologie.* »

La petite cinquantaine, Nikos Palakis est *bel homme*... en tout cas, c'est ce que lui susurrent dans le creux de l'oreille ses conquêtes. Contrairement à la majorité, il se sent attiré tant par les femmes que par les hommes, le genre ne lui impose pas de sélection. Les seules obligations qui font qu'il ou qu'elle ne sera pas rejeté, c'est son intelligence et son bon gout. Après, il est tout sauf un coureur. D'ailleurs, il n'éprouve pas le besoin de sentir la présence d'une personne près de lui chaque nuit. En réalité, c'est plutôt l'inverse. Être accompagné deux ou trois fois par mois lui suffit largement. Conformément à ses ressentis, pour que la compagnie d'une personne agréable le soit, il ne faut pas rentrer dans le cadre des contraintes ni des obligations. Comme il est du genre à annoncer rapidement et clairement les choses, il n'a aucun ennemi dans ses ex-relations intimes. En matière de plaisir, qui épisodiquement s'impose à lui comme une contrainte, il ne s'en connait qu'un, les aquarelles qui mettent en scène des personnages. Alors, lorsqu'il rencontre un peintre dont les œuvres le bouleversent, il lui commande un tableau, rarement plusieurs. Pourquoi ? Parce qu'il ne supporte pas d'être déçu, aussi, comme en amour, il préfère que la relation ne dure pas.

Alors que l'évêque qui célébrait annonçait : *Veni, sanctificator...* l'autel sembla imploser une fraction de seconde, puis, avec une puissance indescriptible, il explosa. Dans la même seconde, deux autres charges situées en pied des piliers situés près de la sortie explosèrent elles aussi. Dans l'instant, les cerveaux des fidèles comprirent ce qu'il se passait et, sans aucun doute, certains s'en remirent à Dieu. D'autres hurlèrent, mais un peu tard, que les religions n'étaient que foutaises ! Les moins chanceux, ceux qui se trouvaient être partiellement protégés des souffles et des ondes de choc sentirent la morsure de la chaleur... leur peau grilla et leurs yeux se liquéfièrent.

Faute de piliers de soutien, et par le brusque défaut de répartition des charges, la toiture s'effondra. Le tout ne dura pas plus de dix secondes.

Maintenant, c'est le silence... un incroyable silence que soudain les blessés n'hésitent pas à percer de leurs cris et de leurs plaintes.

Nikos imagine... Il n'en est pas à son coup d'essai, il sait ce qu'il se produit. En réalité, il l'a déjà vécu. Aujourd'hui encore, il ne peut toujours pas oublier ses ressentis : « *Quelle honte ! Un si beau silence, si pur, si indéfinissable ! Comment peut-on le détruire en criant, en hurlant... même de douleur ?* » Ce jour-là, il regrette encore ne pas être passé de blessé en blessé pour les achever... non pas par pitié, mais pour qu'ils se taisent, pour tuer le manque de respect, celui du silence qui doit suivre une catastrophe.

Le message de revendication arriva simultanément chez les principaux journaux et les directions de lutte contre le terrorisme de la planète. Dans l'instant, ils comprirent tous que l'attentat qui venait de se produire n'était que le premier épisode d'une longue série beaucoup plus meurtrière que cette entrée en matière. D'ailleurs, rapidement, on ne parla plus d'attentat, mais de guerres de religions et de ses batailles.

Toujours très bien organisés, les Témoins de Jehova furent les premiers à réagir. Ils prirent leurs bagages, qui toujours sont prêts en attente d'un signe avant-coureur d'Armageddon, et l'esprit serein, ils grimpèrent sur les montagnes.

Deux heures après l'acte terroriste du Vatican, de toutes parts les musulmans renforçaient leur défense ou tentaient de fuir les zones habitées… pour l'instant, ces derniers étaient les mieux avisés. Les autres, ceux qui pensaient que rien ne pouvait leur arriver puisqu'ils étaient parfaitement intégrés, se retrouvèrent chassés par la haine. Ceux qui furent rattrapés sentirent la morsure de la lame qui les égorgeait, là, dans l'instant, à l'endroit où ils se trouvaient, hommes, femmes et enfants, aucune distinction de traitement.

Une chose devenait évidente : rien ne pouvait atténuer l'envie de vengeance. Bien sûr, les musulmans s'organisèrent rapidement. Ils lancèrent d'abord des opérations de représailles, puis ils prirent l'initiative et attaquèrent avec grande férocité… il fallait que le monde sache qu'ils n'étaient pas des moutons. Comme si l'on voulait donner un semblant de rythme à tout ça, régulièrement, des lieux de culte explosaient.

Bien sûr, dès le début les armées et les polices furent mobilisées, mais avant d'intervenir sur les civils, il fallait qu'elles règlent, dans leurs rangs, les mêmes problèmes que ceux qui se réglaient dans les rues. Ce fut donc la guerre de religion chez les représentants de l'ordre et du maintien de la paix. Un observateur avisé remarquerait que dans ces catégories-là, le règlement des conflits était beaucoup plus rapide et efficace. La raison en était simple : ils savaient se battre, tant en attaque qu'en défense. Mais une fois l'épuration réalisée, les vainqueurs se transformèrent en fous de guerres surs d'avoir raison, et certains pensèrent même être des élus ! Aussi, une fois lâchés dans les rues, ils devinrent les pires des tueurs.

Bien sûr, dans ce genre de situation les profiteurs sont toujours présents. Terrés aux premières loges ils ne laissent passer aucune occasion. Nous pourrions penser aux pillages des magasins, mais ce ne sont pas les plus rentables ni les moins dangereux. Par contre, « la prestation de services » l'est beaucoup plus. En effet, l'assassinat devint une action beaucoup plus simple à réaliser. Que ce soit en prévision d'un héritage ou pour supprimer un concurrent, que ce soit par vengeance personnelle ou par vindicte, ôter la vie n'est plus craint, car juridiquement, l'acte est maintenant dépersonnalisé.

Quant aux hôpitaux, centres de soins et autres maisons médicales, la gestion des malades s'adapta au contexte. Ils réalisèrent prioritairement les prises en charge rapides et sans risques. Pour les autres patients, il fallait qu'ils se disent qu'ils avaient la malchance d'être trop atteints ou pas assez. Dans ces cas-là, les personnels soignants devaient gérer, eux aussi, leurs propres atteintes psychologiques et, le plus souvent, elles se résumaient à se débarrasser de leurs ressentis. D'ailleurs, les médecins coordonnateurs mirent en place un étrange support psychologique de compensation. Régulièrement, ils demandaient que l'on vide les poubelles qu'ils avaient positionnées juste à côté d'eux, même si en général elles étaient vides. Elles l'étaient peut-être de matières, mais elles débordaient de détresses mentales. Sélectionner c'est tuer... impossible de faire autrement.

Comment fut gérée la situation par les chefs d'État et leurs gouvernements ? Mal, car toujours avec un temps de retard : ils n'agissaient pas, ils réagissaient.

John regardait l'eau du lac, pensif. À côté de lui, Anna observait un oiseau qui faisait du vol stationnaire, certainement au-dessus d'une proie. Seulement voilà, il y avait un petit problème ! C'était un balbuzard et il était étonnant qu'il ait confondu l'Amérique du Nord avec l'Europe ! Dans la série bizarre de chez bizarre, maintenant il descendait gentiment vers la surface de l'eau, alors que c'est un chasseur hors pair, capable de plonger sur une proie jusqu'à plus de 20 mètres de profondeur. Anna baissa son regard à l'aplomb de la bête et distingua une forme qui flottait.

« Papa !

– Oui,

– Je crois bien que nous avons un problème qui flotte à une petite centaine de mètres de là. Regarde, juste en dessous du balbu...

– Mais oui ma fille, un balbu en Amérique du Nord ; demande à ta mère de te faire un café bien serré... merde ! C'en est un !

– Papa ! en dessous... prends tes jumelles. »

Tandis qu'il les réglait, il se disait que les emmerdes allaient très rapidement leur tomber sur le coin de la figure.

« Ouais, c'en est un. Tu devrais aller chercher un de nos garde-chiourmes. »

Sans faire de commentaires, elle détala. Trente secondes plus tard, je tendais mes jumelles au grand escogriffe qui devait osciller entre 1,95 et 2 mètres.

Il ne dit rien d'autre que « putain de merde » et prit son téléphone satellite spécialement crypté hiéroglyphes du commissaire Hernandes.

« Commissaire, nous avons un macchabée à une centaine de mètres du bord, dans les eaux du lac.

– Dites-lui aussi qu'il y a un problème avec l'oiseau qui m'a permis de le repérer. Claironna suffisamment fort Anna pour qu'il entende.

– ...

– Je vous le passe, il n'a pas compris le problème avec l'oiseau.

– L'oiseau de proie, c'est un balbuzard.

– Désolé, je n'y connais rien en bestioles à plumes.

– C'est un oiseau qui fait le trajet Afrique/Europe, puis Europe/Afrique, mais jamais les Amériques.

– Et s'il avait eu envie, comme ça...

– Jamais commissaire... JA-MAIS !

– Bon, d'accord ! Cela veut dire que notre bouffeur de charogne vient d'un élevage ou d'un zoo.

– Non, pas un élevage, mais peut-être un centre de recherches qui étudie les systèmes d'orientation des animaux. Vous avez quelque chose comme ça dans le coin ?

– Je suis en train de regarder... Non, rien sur les animaux, mais peut-être un en rapport avec les humains. Ouais, possible, c'est une espèce de truc... vous savez, ce qui n'existe pas officiellement et dont il ne faut pas parler. »

Pendant ce temps, Anna observait toujours l'oiseau de proie.

« Il ne cherche pas à en faire son casse-croute. Le macchabée serait un soigneur que cela ne m'étonnerait pas.

– Bon, je prends contact avec eux. Désolé, mais vous concernant, merci de rester cloitrés dans la maison, sans apparaitre aux fenêtres, et ce, de maintenant jusqu'à ce que je vienne vous délivrer.

– Papa ! dis au monsieur qu'il commence à me les briser menus, menus...

– Anna, j'ai tout entendu ! rétorqua Hernandes.

– Preuve que j'ai encore du coffre... putain papa, pourquoi tu as parlé de ton truc à tous ces barjots ? Pour un peu, je regretterais de ne pas me trouver dans les rues avec une kalach dans les mains.

– Tout le monde rentre, vous discuterez à l'intérieur, impose le commissaire.

– Oui chef ! » finalisa Anna en se mettant au garde-à-vous.

Une fois à l'intérieur, John fit à nouveau part à sa famille du ressenti qui le travaillait concernant les gardes, et plus précisément Hernandes. Il n'arrivait pas à leur faire confiance, même s'il devait reconnaitre que, hormis la non-transmission immédiate du déménagement, il n'avait rien à leur reprocher.

« Par les temps qui courent, à part ma famille, je ne peux faire confiance à personne d'autre, confirma Anna. D'ailleurs, je garde constamment mon arme avec moi, même lorsque je suis sous la douche... enfin, presque.

– Ce qui m'étonne, c'est que la propriété ne se fasse pas attaquer ! Dis John sur un ton calme et posé.

– Désolé, mais pour l'avoir déjà vécu, moi, cela ne me manque pas, rétorqua Elena.

– Je n'ai pas dit que cela me manquait, mais je suis étonné, c'est tout.

– Oui, mais... »

Et comme souvent, la discussion prit une tournure de définition de mots, du sens donné à leur assemblage... et pendant ce temps, tout en ayant conscience qu'elle désobéissait aux ordres, Anna regardait par la fenêtre. Depuis l'avertissement de son père, elle était plus attentive et, au moment où elle allait le pousser dans ses retranchements pour obtenir d'aller jeter un œil dans le centre dont il ne faut pas parler, un joli trou bien propre apparut dans la vitre, à moins de vingt centimètres de sa tête. La balle continua son chemin, traversant la cloison commune au couloir, l'autre du couloir, ainsi que celle de la salle de bain. Dans la seconde qui suivit, ils étaient tous la face contre le carrelage à ramper pour descendre le plus rapidement possible au sous-sol. Une fois à l'abri, en tout cas provisoirement, comme à son habitude, sans hausser le ton, sans laisser paraître d'angoisse dans la voix, Gérald, le compagnon d'Anna, fit remarquer que les munitions employées étaient de type « guerre », ce qui leur donnait une portée et une capacité de pénétration beaucoup plus importante. Bien sûr, ce constat en amena un autre, elles ne sont pas en vente libre. Cet homme plutôt grand et costaud ne parlait pas beaucoup, mais lorsqu'il s'exprimait, il fallait l'écouter avec attention, car vous pouviez être certain que ses propos étaient pertinents.

Ainsi donc, les personnes bien intentionnées qui les canardent, sans être capables de réaliser un tir à moyenne distance avec précision, veulent les transformer en passoire avec la bénédiction des autorités. Même s'il faut reconnaitre qu'aujourd'hui, cette notion n'a plus vraiment de sens puisque sa définition a été purement et simplement jetée aux oubliettes.

Après avoir fait une analyse rapide de la situation, en conclusion le choix était simple : défendre chèrement leurs vies en transformant ce sous-sol en piège pour trop curieux ou essayer de filer à l'anglaise par une ancienne trappe de livraison. Ce fut Gérald qui leur en proposa une autre et, le moins que l'on puisse dire, c'était que celle-là sortait de leur ordinaire : passer à l'offensive. En deux temps, trois mouvements, il bricola le bruleur de la chaudière qui devint un lance-flammes. Il le positionna à sensiblement deux mètres de la porte, le maximum permis par la longueur des tuyaux d'alimentation. Des tiges de ramonage débarrassées de leurs accessoires, et affutées avec les moyens du bord, devinrent des javelots avec propulseur à lacet. Celui-ci, bloqué en partie haute par un tour mort avec un nœud dans une encoche, courait le long du javelot et était tenu avec celui-ci par le lanceur. Cela permettait d'agrandir le bras de levier du lanceur, puisque sa longueur était augmentée de celle du lacet, donc de lancer plus fort et surtout de le diriger avec beaucoup plus de précision. Gérald se souvenait très bien ce dont on était capable de faire avec ce type d'engin. Lorsqu'il était gamin, il s'amusait à faire des concours avec ses potes : une poubelle positionnée à 50 mètres était atteinte dans 50 % des tirs.

Maintenant, il fallait avoir une idée précise du déroulement de l'attaque. Bien sûr, il n'était pas question de griller par erreur un de leur protecteur. Un miroir cassé fournit la matière nécessaire à la première investigation de l'accès ouest. Tandis que John essayait de contacter

Hernandes, à l'ouest, il n'y avait plus de questions à se poser, les deux gardes étaient au sol, et certainement pas pour en brouter l'herbe. Quant à Hernandes, il ne répondait pas, ce qui ne lui était jamais arrivé depuis le début de cette affaire. Était-il en difficulté, mis hors de combat ou s'était-il transformé en assassin ?

Le commissaire Hernandes jeta sa plaque dans l'herbe, juste à côté du corps du garde qui pensait recevoir les ordres de son supérieur. Dommage, c'était un bon combattant, mais une balle en pleine tête permet rarement de connaître la suite de la mission. Dorénavant, le terme commissaire ne devrait plus lui être attribué. Il était un peu surpris du peu qu'il ressentait. Aucune importance, par contre, éliminer cet antéchrist, ça, c'était important ! C'était la première fois qu'il recevait une demande de l'Opus Dei. Avec eux, aucun ordre, que des demandes qui seront acceptées ou refusées. Chacun doit agir en son âme et conscience, surtout en connaissant les conséquences de l'acte proposé. Tuer, même au nom de Dieu, est, et sera toujours un péché mortel, même s'il lui semblait qu'être la main armée de Dieu devrait lui éviter de payer le prix fort de la faute ! Suppositions, conjectures, hypothèses...

Ses deux tueurs, car c'est ainsi qu'il fallait dorénavant les nommer, lui envoyaient un bip dans l'oreillette, signe que les autres gardes étaient HS. Il entra dans la maison et appela John... pas de réponse. Il monta au premier et appela à nouveau... toujours rien. Alors il se dit qu'ils avaient dû se réfugier au sous-sol. Il descendit, frappa à la porte et annonça qui il était. Il avait son arme à la main positionnée à hauteur de torse, il tirera dès qu'il entendra la poignée de la porte être manœuvrée. Mais ce qu'il ne savait pas, c'est qu'un œil le regardait par le trou de la serrure, que la porte n'était pas fermée à clef, et surtout, qu'elle était poussée le pêne bloqué dans son logement. La poignée était attachée à une ficelle qu'Anna avait en main à trois mètres de là. Gérald enclencha le brûleur. Une fois que la flamme fut stable, il dit

« oui » à Anna. D'un geste sec et puissant, suffisamment pour compenser la poussée de la flamme contre la porte, elle tira la corde et la porte s'ouvrit.

Une fraction de seconde avant, Hernandes sentit qu'ils lui avaient préparé un coup foireux, il tira une fois et, alors qu'il s'apprêtait à recommencer, la porte s'ouvrit et il sentit une horrible chaleur l'envelopper. La douleur était insupportable, il gigotait dans tous les sens comme un demeuré, comme si ces gestes pouvaient faire cesser ce supplice, mais la flamme était toujours là, puissante... il sentit ses yeux fondre. Trop, c'était trop... Il sut que c'était fini pour lui... alors qu'en bonne réaction il avait jusque-là retenu sa respiration, il s'abandonna au bûcher et respira la flamme sans retenue.

Sa dernière pensée fut d'insulter celui que l'on appelait *Le Bon Dieu*, car soyons sérieux, en quoi était-il reconnaissant des sacrifices consentis en son nom ? Finalement, ce non-sens fut tellement évident que, dans un ultime effort, il rejeta sa croyance.

Chapitre 13

Sous couvert de la RHA, c'est celui qui aime à s'appeler « Le Club D6 » qui pilote ce chaos. Toutes ses communications se font via un réseau satellite. Bien sûr, celui-ci est protégé, mais pas comme pourraient le penser les meilleurs spécialistes du domaine de ce jour, mais comme l'imaginerait un auteur de SF qui se projetterait dans un futur plus vieux d'une trentaine d'années.

Trois femmes et trois hommes, avec pour chaque genre : un jeune, un dans la force de l'âge et un expérimenté. D'apparence BCBG, ils font partie de ceux que l'on regarde dans la rue lorsqu'on les croise, mais pas plus que cela... et c'est exactement ce qu'ils cherchent. Ils sont riches, même très riches, mais aucun ne se bat pour grappiller une place dans le classement des plus grosses fortunes mondiales. Leurs moyens financiers leur permettent de réaliser ce qu'ils veulent, et cela leur suffit largement. D'ailleurs, les loups, les milliardaires en constant devenir, ne les connaissent même pas, car, pour eux, ce sont des ventres mous, des petits profiteurs sans envergure. Toutefois, s'ils plongeaient dans les structures de leurs sociétés, ils se rendraient compte d'une similitude dont ils devraient pourtant s'inquiéter. En effet, la quasi-totalité des sommes gagnées est investie dans la recherche... et elle semble l'être à fonds perdu. En effet, elles ne font pratiquement jamais apparaitre de résultats capables d'être exploités... en bref, pour les arrivistes, ils sont des exemples à ne pas suivre.

Nikos Palakis est leur intermédiaire, un peu comme un explorateur. Il ne les connait que par le biais de la liaison satellite, mais cela ne le choque pas outre mesure. De toute façon, pour lui, ils sont virtuels. Ils pourraient être des robots qu'il ne s'en rendrait pas compte.

Pour les membres de ce club, les choses sont simples. La majorité des êtres humains s'est toujours laissée envahir par le plaisir et pour en jouir à sa guise elle a défini qu'il était une nécessité pour elle. En bref, pour pouvoir s'en gaver elle s'est toujours menti à elle-même.

Aussi, comme Le Club D6 a constaté qu'avec un minimum d'efforts il était possible de faire différemment, mais que l'immense majorité des bipèdes ne le voulait pas, il avait décidé d'imposer ce paradigme par le seul langage qu'elle connait, et finalement, accepte à contrecœur, la force.

La première phase du plan qu'ils ont élaboré semble se dérouler sans accroc majeur, en tout cas, rien d'insurmontable. Qu'il y ait des bugs, cela relève du normal, il faut simplement en être conscient et être toujours prêt à régler le problème d'une manière forte et définitive. Durant ce temps de préparation, Nikos prouva ses grandes qualités. Mais entre des actions « sans monstrueuses répercussions » et « des femmes et des enfants morts qui s'entassent dans les rues par millions », il y a une différence qui est parfois bloquante pour celui qui les a condamnées. Pour Nikos, ce n'est pas le cas et, en prime, il n'y prend aucun plaisir. Aussi, aujourd'hui, les réels dirigeants constatent que leur choix a été judicieux.

Pour eux, tant qu'une idée ne s'est pas concrétisée, elle n'est qu'une combinaison parmi tant d'autres, elle n'est qu'un projet.

De fait, alors que la première phase n'est pas encore terminée, la deuxième est déjà engagée. Maintenant, il fallait les mener à terme toutes les deux, et conformément à ce que Le Club D6 a prévu, c'est-à-dire dans le plus grand désordre. Bien sûr, ce ne sera qu'une apparence, la conséquence d'un soi-disant aléa.

Dans les rues, la violence a pris le pouvoir. L'illusion qu'il est nécessaire de tuer le catholique ou le musulman qui tente de rapporter quelques provisions à sa famille s'est imposée. Certains se sont regroupés sous les couleurs d'une bannière, d'autres sous un nom, d'autres encore sous un numéro... les gangs des cités, autrefois si rejetés par les bien-pensants, sont maintenant les principes d'organisation qui s'imposent comme les plus efficaces, les plus résistantes. Mais impossible de s'intégrer dans un clan dont on ne connait pas les membres, la mort se cache derrière la face de chaque inconnu et vouloir s'isoler n'est que repousser l'instant fatidique, se créer une brève illusion de liberté.

Les cadavres restent dans les rues, dans les appartements par familles entières, et il devient difficile de se détacher de cette odeur si caractéristique. Autrefois, c'est-à-dire quelques semaines auparavant, la putréfaction nous faisait fuir, elle créait des haut-le-cœur, et sa mémoire olfactique persistait à nous en faire restituer tripes et boyaux les jours suivants. Aujourd'hui, notre olfacthèque l'a accepté et intégré comme étant une senteur naturelle et commune, c'est ne plus la sentir qui interroge. Bien sûr, aucun pourrissement sans épidémie. Qu'elles soient directes ou indirectes, les transmissions ne peuvent être contenues que par une organisation ferme et fiable, ce qui n'existe plus. D'ailleurs, les hôpitaux ne sont plus que coquilles vides de personnels, de médicaments et de matériels de soins. Aussi, presque naturellement, des pseudo centres de soins se créent dans les quartiers où, faute du nécessaire, les médecins font ce qu'ils peuvent et, de temps en temps, réalisent des miracles qui les portent aux nues.

Maintenant que la perspective d'avenir de chacun est limitée au jour vécu, Nikos lance la deuxième phase du processus. Il se souvint d'une des remarques de John Delatour... était-ce dans son essai sur le libre-arbitre ? Il ne savait plus vraiment, mais une chose était certaine, c'est qu'elle s'intégrait parfaitement dans son action. En lançant ses appels, il ânonna à voix basse :

LE LIBRE-ARBITRE

« Toute construction génère des destructions, sur site et lointaines, anticipées, immédiates et différées, matérielles et intellectuelles... la pureté de la création n'est toujours qu'illusion. »

Puis, en donnant le dernier ordre, il lança d'une voix puissante :

« Le temps de la reconstruction sera bientôt là. »

Jour après jour Marcus tuait. Sans état d'âme, sur ordre, il ôtait des vies. Il n'était pas complètement idiot, il savait qu'il était au service de l'organisation qui était derrière tout ce bordel. Maintenant, si atteint d'une bredinerie passagère, il ressentait tout à coup l'impérieux besoin d'en avoir la certitude, il lui suffisait de se remémorer les noms et les positions sociales et politiques de ses victimes pour en être convaincu. En écoutant la radio, il savait aussi qu'il n'était pas le seul tueur en action. D'ailleurs, aux méthodes utilisées il avait reconnu deux de ses collègues, mais il y en avait d'autres, et pas de la même espèce. Ceux-là laissaient une marque de fabrique qui ne faisait pas honneur à la profession. Ils affichaient un plaisir non dissimulé à faire souffrir, et ces plaisirs-là ne faisaient pas partie de ceux qui sont parfois demandés par les donneurs d'ordre. Un exemple : quel ordonnateur trouverait un intérêt à démembrer puis déboyauter sa cible tout en la gardant toujours en vie, alors que la victime est le ministre des Transports ? Par contre, le plaisir que le supplicier prend nécessite qu'il use d'une connaissance médicale approfondie. « Finalement, je me dis que je suis peut-être déjà hors-jeu, que je n'ai pas anticipé l'évolution qu'il fallait accepter pour rester dans les meilleurs... et si c'est le cas, dès que les commandes se feront rares, je serai une cible. Comme je viens de le faire *en deux coups de cuillères à pot,* il ne faut pas sortir d'une grande école pour établir des relations entre les victimes et les pourquoi des comment. Oui mon petit Marcus, ne jamais attendre de se trouver en position de cible... anticiper, toujours anticiper ».

Il regarda son téléphone et déchiffra le message qui s'affichait. « Tiens ! Un important changement se produit. Après les hommes d'Église, les hommes politiques et les hautes positions sociales, voici venu le temps des chefs de clan, avec en prime la précision : "rapide et propre". Ho ! Pauvres supplicieurs ! Le patron en a marre de vos éjaculats cérébraux. Bon, hors ce genre de précision, il aurait pu nous souhaiter bonne chance. Car ne nous leurrons pas, il va falloir en avoir une grosse dose en magasin, et de bonne qualité, pour s'en sortir ! D'accord, au vu des sommes proposées, il ne va rechigner à la besogne, n'empêche, un petit mot sympa ça fait toujours plaisir !

Bon, trois commandes : NY, Paris, Berlin, et dans cet ordre.

NY, et plus précisément Harlem. Amusant comme les choses changent rapidement. Dans les années 70, Harlem était un des quartiers à éviter, sauf si tu voulais te faire suicider. Il y a très peu de temps de ça, il était devenu un quartier calme à très fort potentiel immobilier. Et aujourd'hui, en quelques semaines, il est redevenu invivable. Le soi-disant chef de clan est surtout un chef de gang. Drogues, meurtres et enlèvements, ici, avec un peu de fric tout est possible. NY a une situation particulière qui facilite grandement le genre d'action que je vais réaliser. Avec une arme très performante, vous pouvez vous installer à 500 m en périphérie de votre cible sans entrer dans son carré hyper protégé.

Celui que je cherche crèche près de la Bethel Gospel Assembly, très réputée pour son gospel. Comme beaucoup de chefs de gang, celui-ci est, parait-il, un grand croyant. Croyant en quoi ? Je doute que quelqu'un le sache. Toujours est-il que tous les dimanches matin, il fait l'effort d'aller à pied à la messe, et bien sûr, il y est accueilli bras ouverts... normal, c'est le plus gros donateur. En repérage, après avoir calculé et simulé, je décide d'utiliser le moyen le moins sûr, mais le plus efficace, un fourgon positionné au bon endroit. Certes, c'est l'idéal pour atteindre ma cible, mais c'est aussi le pire pour quitter les lieux en pleine santé ».

Dimanche matin, 10 h.

Le fourgon est positionné dans l'axe de la route, celle que le chef de gang emprunte chaque dimanche pour se rendre à l'église.

Indépendamment du faux-semblant qu'il réalise toujours avec brio, il est croyant et certainement un des croyants le plus croyant. Il sait que le moment venu, l'entrée en la vie éternelle lui sera interdite, mais certainement pas pour la raison que tout le monde croit. S'il est un truand, un assassin et un trafiquant de drogue, c'est à la demande de l'Opus Dei et il avait le choix d'accepter ou de refuser. Le plaisir qu'il ressent en entendant ces gospels est difficilement explicable, d'ailleurs...

Sa pensée s'arrêta à cet instant, lorsque la balle lui traversa la tête, entrant entre les deux yeux et ressortant en emportant un gros morceau de cerveau et de boite crânienne.

Marcus sait qu'il n'a pas le temps de peaufiner son action, il doit juste être efficace pour quitter innocemment le site... et c'est ce qu'il fait. L'arrière de son fourgon de location parfaitement aligné, il a laissé la portière coulissante de côté entrouverte et l'étui de violoncelle grand ouvert. Il a attendu que le bus de 10 h 01 passe pour tirer juste avant qu'il occulte la scène du crime. Aucun bang, il a utilisé une balle subsonique. À cette distance et avec la précision de son fusil, malgré sa faible vitesse, elle a été suffisante. Maintenant que le travail est terminé, il part à pied, doucement, le visage au sol en chantonnant, comme s'il était absorbé par une musique. Il n'a pas refermé la porte coulissante, le bruit est trop caractéristique.

À Paris, c'est Prince, le chef de clan du premier arrondissement qui est visé. Certains pensent qu'il est trop atypique, qu'il n'a pas le profil pour diriger un gang, mais n'en doutez pas, c'en est un, un vrai !

Physiquement, il est plutôt rachitique. Intellectuellement, il n'a pas inventé l'eau tiède, et son charisme est aussi puissant que monsieur passe-partout. Mais alors, comment a-t-il bien pu faire pour s'imposer ?

D'après ses adjoints, pour comprendre pourquoi et comment Prince en est arrivé-là, il suffit de passer une journée avec lui. En effet, il sait à la fois susciter la peur et récompenser. Prendre une balle est le coût d'une erreur, et l'endroit où il la logera dépendra de son humeur. À l'inverse, si vous réussissez la mission qui vous est confiée la récompense est toujours là... et comme pour la balle, elle dépendra aussi de son humeur. Maintenant, soyez certains de deux choses.

Primo : il tire parfaitement bien, et pour être plus précis, personne ne l'a jamais vu rater sa cible.

Secundo : il refuse toutes logiques. Exemple : s'il vous demande d'aller lui chercher un café, à votre retour, lorsque vous lui tendrez ce qu'il désire le plus au monde à cet instant, dans la main libérée par le gobelet, alors qu'elle est encore chaude, il peut y laisser tomber négligemment des clefs de voiture en vous disant « tu as bien travaillé, la mustang qui est derrière est à toi. » Et ça, ses adjoints adorent. Une précision, tous ceux à son service sont ses adjoints.

Comme chaque jour, à sensiblement 9 h, il passe sur le parvis du Louvre. Parfois, il descend et visite quelques salles, mais le plus souvent il fait le tour des pyramides et repart, satisfait. Mais dans 48 h, ce rendez-vous sera différent. Il doit y rencontrer Sana, le chef de gang du XIXe. Pourquoi se rencontrent-ils au Louvre ? Eux seuls doivent le savoir. Peut-être parce que dans la cour de cette enceinte il est aisé d'assurer leur sécurité.

« Le tuer tandis qu'il se déplace en voiture ? Non, elle est blindée et il roule en convoi. Dans son appartement ? Impossible, il en change sans arrêt, sans raison, en suivant son instinct qui ne suit aucune logique. Remontons le temps : la veille au soir ? Tout aussi imprévisible. Les fleurs ! Il est vrai qu'il aime les fleurs... voilà une possibilité, j'ai deux jours pour faire que son plaisir soit mortel ».

Marcus observa le jardin des Tuileries, surtout la partie voisine du Musée, et une idée germa dans son esprit. Elle était peut-être un peu saugrenue, mais n'est-ce pas cette catégorie-là qui est susceptible d'interpeller Prince ?

Rapidement, il trouva les accessoires qui, positionnés dans le jardin, relèveront d'un véritable crime de lèse-majesté. Maintenant, il lui fallait les hommes et leurs outillages pour tout installer, l'ensemble devait être parfaitement crédible. Il fit d'abord un repérage des bâtiments et des entrepôts du service en charge de l'entretien de ce parc, puis il s'installa dans un cybercafé et chercha les entreprises qui correspondaient à son besoin. Ce fut dans les demandes de dépôt de bilan qu'il trouva l'entreprise d'espaces verts et celle de serrurerie qui pouvaient peut-être faire ses affaires. Toutes deux étaient familiales et toutes deux convoquées devant le juge dans trois jours. La première était encore composée de quatre personnes, trois frères et un cousin, la deuxième de deux frangins. En imaginant les tableaux, Marcus eut du mal à retenir un fou rire. C'est en souriant encore un peu trop que *l'espace vert qu'il vous faut* décrocha à son appel. À celui qui était encore gérant, il parla d'une blague, et lui avoua qu'elle était plutôt de mauvais goût, mais qu'il était prêt à débourser une belle somme en liquide s'il l'aidait à se venger d'un marché pour lequel le Musée du Louvre en charge du jardin des Tuileries l'avait entubé. Immédiatement, l'entrepreneur l'informa de leur dépôt de bilan en cours, puis lorsqu'il entendit le montant et se souvint de la précision, *en liquide*, il accepta et demanda plus d'explications sur ce qu'il devait faire pour les gagner. Pour la deuxième entreprise, Marcus présenta le projet de la même manière et avec les mêmes arguments. Non seulement il accepta avec enthousiasme, mais lorsqu'il comprit en détail ce qu'il allait devoir réaliser, il partit d'un fou rire tellement franc et communicatif que Marcus ne put échapper à son emprise.

Le surlendemain, les entreprises entraient en action. Une heure avant l'arrivée des jardiniers à leurs ateliers, les portails, portes et autres entrées à claire-voie étaient emplis de panneaux métalliques pleins qui montaient à plus de 3 m, et les ensembles étaient soudés les uns aux autres, compris les charnières. Ainsi, le seul moyen d'y pénétrer était de tout découper au chalumeau. Dans le même temps, les faux jardiniers se mettaient à l'ouvrage. Ils plantèrent sans interruption jusqu'au dernier une centaine de mimosas en fleurs. Bien sûr, les plans faisaient une sale gueule. Même si arrachés pendant la nuit et replantés au petit matin, ils n'appréciaient pas du tout d'être torturés ainsi, surtout plantés serrés-collés. Cela donna une image ridicule et même catastrophique aux abords de l'entrée du Louvre. Le dernier fut planté à 8 h 50. Aux gens interloqués, les « jardiniers » répondaient obéir aux ordres, même si aux réflexions outrées, ils reconnaissaient eux aussi que l'ensemble était hideux.

À 9 h, Prince arriva en convoi de BMW, suivi des trois Mercedes de Sana. Une fois arrêté, Prince descendit et se dirigea immédiatement à pied vers l'attroupement de gens qui gesticulaient et rouspétaient à haute voix. Sana descendit à son tour et, curieux de ce qu'il se passait, il le suivit. Lorsqu'ils se trouvèrent face à ce tableau végétal du plus mauvais goût, rouge de colère Prince se retourna, cherchant des yeux un responsable qui naturellement devait contempler cette horreur. En parcourant du regard les environs, il aperçut au loin une fourgonnette idéalement positionnée pour faire un carton sur lui. Il sut qu'il n'avait plus le temps de réagir. Une première balle l'atteignit en plein cœur. Il eut le temps de se dire que c'était un bon professionnel, car une balle subsonique dans un fusil équipé d'un silencieux ne permet pas une excellente précision. Mais il ne put finir de formaliser sa pensée, car une deuxième vint le frapper au front.

Lorsque les chefs d'entreprises retournèrent chez eux, dans leur boite aux lettres ils trouvèrent la somme en liquide qui allait leur rendre les temps futurs plus agréables, comme promis.

LE LIBRE-ARBITRE

Kreuzberg, ce quartier mythique de Berlin abrite le pire chef de gang de la ville. Alors qu'il est possible d'affirmer que Berlin est une des capitales où l'on risque le moins de faire de mauvaises rencontres, Den Weisen était un cas pour le moins très particulier. Rien en apparence, tout en sous-marin. Jamais il ne donnait l'ordre d'agresser quelqu'un en ville, même un concurrent qui se comportait mal. D'ailleurs, il avait passé des accords avec la police et il les respectait. Il était connu pour diriger des mouvements alternatifs et de contre-cultures, quant au Petit Istanbul, il n'est pas faux de dire qu'il marchait à ses ordres. Étrangement, il ne s'occupait pas des Bobos (Bourgeois bohèmes) qui pourtant injectaient beaucoup d'argent dans le quartier.

Eliminer Den Weisen ? C'était extrêmement compliqué, donc certainement très simple. Comme souvent, les points forts d'une défense peuvent être les points les plus vulnérables si vous ne suivez pas la logique du concepteur. Il se disait qu'il n'apparaissait jamais en pleine lumière, qu'il vivait en sous-sol dans un bunker, et que rien, même une attaque nucléaire ne pouvait l'atteindre. Voilà, tout était dit. S'il vivait dans un trou, la solution pour l'atteindre apparaissait presque évidente. Même si Den Weisen y avait pensé, Marcus était certain qu'il n'avait jamais imaginé qu'un fou la mettrait en œuvre. « Une petite visite aux archives de la ville va permettre de valider ou d'invalider mon hypothèse... » Quelques heures plus tard, comme il le supposait, non seulement sa solution pouvait être mise en œuvre, mais une fois lancée, rien ne pourrait l'arrêter rapidement. Ainsi son bunker se situait en bordure du fleuve Spree, à deux rues du cimetière de Mehringdamm. Un petit coup de fil pour préciser ses besoins et demain, Marcus mettra un peu d'ambiance dans le quartier antitout, qui était finalement très conformiste.

« J'aime bien ce métier, je n'ai jamais l'occasion de m'ennuyer. Je sais qu'un jour je quitterai la scène, mais j'ose espérer que je partirai honorablement, sans m'en rendre compte. D'ailleurs, honnêtement, je préfère cent fois cette fin, à celle de souffrir dans un lit d'hôpital et voir défiler les plaignants qui viennent demander "au pauvre monsieur qui va nous quitter dans la souffrance" de faire un don pour la lutte contre le cancer. Quant à me retrouver en EHPAD et oublier tout, y compris qui je suis... non merci, très peu pour moi. »

Six heures du matin.
Cela fait une heure que notre Den Weisen est entré dans son antre, au cœur des bas-fonds de Berlin. Les trois premières charges sont déjà positionnées, et la dernière est maintenant en place.
« *Brrr, je n'aime pas l'eau froide* ». Marcus monte sur la coque de noix et rame. Au moins, cela le réchauffe. Il aperçoit Hanz qui négligemment fume sa cigarette sur le quai. Il arrime tout ce qui ne lui est plus nécessaire et ouvre le bouchon de purge... adieu petit bateau !
Hanz lui propose d'aller prendre un café dans un bistrot où les viennoiseries sont à retourner au lit bien accompagné.
Il se bidonne. Dans le genre bon vivant, voici Hanz, le seul qu'il connaisse capable de s'esclaffer en tuant, torturant, voire découpant sans tuer. Il attend que Marcus commande les charges, son sourire fait plaisir à voir. Marcus compose le numéro et porte la tasse à mes lèvres.
« Waouh ! Il n'a pas fait semblant le gros Hanz. Nous sommes à sensiblement 300 m de la cible, et tout a vibré ».
Les charges surdosées ont été installées sur les arrivées d'eau et la maousse costaude sur l'évacuation des eaux usées du bunker... et elles viennent toutes d'exploser parfaitement synchro.
« J'espère que Den Weisen n'était pas sur le siège d'aisance... »
Hanz et Marcus jouent aux angoissés :
« Que s'est-il passé ? Une explosion ? Il faudrait peut-être le signaler à la police ! »
Le serveur prend son portable et appelle. Lorsqu'il les a en ligne, il apprend que l'alerte a déjà été donnée. Non, on ne connait pas encore la cause de cette explosion. Ils finissent leur café en regardant dehors, en jouant aux curieux qui veulent apercevoir quelque chose... enfin, ils

payent et sortent d'un pas tranquille. En voiture, avec un portable non repérable Hanz appelle Den Weisen : pas de réponse. Il recommence en appelant un de ses adjoints qui lui apprend qu'il est impossible d'accéder au bunker, il est inondé.

Tard, le soir, les équipes de secours signalaient que deux corps avaient été retrouvés. Hanz rappela l'adjoint : il s'agissait bien de Den Weisen et d'un très jeune garçon pour qui il avait le béguin.

Marcus transmit sa « fin de l'opération ». D'après les informations qui tournaient en boucle sur tous les continents, il n'était pas le seul à avoir fait le boulot. D'ailleurs, en retour de son message il reçut l'offre de traiter dix autres cibles en deux semaines, proposition qu'il accepta sans sourciller.

Durant deux semaines, tous les tueurs professionnels de la planète furent surchargés de boulot. Mais toutes les tentatives ne furent pas couronnées de succès, car plus le temps passait, mieux les chefs de clans se protégeaient. Ils se savaient ciblés, aussi, ceux qui connaissaient des tueurs, même seulement de nom, posaient des contrats sur leurs têtes. La deuxième semaine, on put assister à une étrange parade. Des tueurs acceptaient des contrats émis par des cibles pour tuer leurs tueurs. D'autres maquillaient leur propre mort... et rapidement, tout ce petit monde voulut tuer pour éviter d'être tué. Mais ce genre de perte fait partie de la règle du jeu, et avant d'accepter une opération, tout le monde sait que cela peut se produire.

Comme l'avait imaginé Nikos, la deuxième phase du processus se structurait bien. La guerre civile était là, bien installée, et rien ne semblait être en mesure d'empêcher qu'elle fasse son office. Les croyants se tuaient entre eux, les voyous aussi, et les forces de l'ordre et les militaires tiraient sur tout ce qui bougeait, compris les collègues en qui ils n'avaient pas ou plus confiance. Quant aux chefs de gangs, jour après jour, le paysage s'éclaircissait.

« Êtres humains prenaient patience, acceptez cette situation encore quelques jours, le temps que les rangs se dévoilent. Non seulement le nombre de gâchettes faciles et de fous de guerre se réduit, ce qui n'aurait pas été possible en des temps normaux avant plusieurs décennies, mais nous préparons le terrain pour que la nouvelle semence germe et pousse vite, très vite. »

Gérald choisit les deux meilleurs javelots, le meilleur lacet, vérifia que son Glock était prêt à tirer, et tel un aborigène des temps modernes, il sortit rapidement du sous-sol tout en prenant de grandes précautions. La mise hors-jeu d'Hernandes ne s'était pas faite dans le silence, aussi, il était certain que ses acolytes devaient le chercher. Gérald ne savait pas combien de tueurs il allait devoir se coltiner, mais il supposait que s'il réussissait à éliminer le premier d'entre eux, il serait suffisamment équipé pour se battre avec plus d'efficacité contre les autres.

Il entendit une voix dans le salon qui devait parler dans un émetteur. Collé contre la cloison, il attendit que ses adversaires se déplacent, ainsi il pourra en estimer le nombre.

Un... avec certitude celui qui était dans cette pièce était seul. Cela signifiait aussi qu'il y en avait au moins un autre qui n'était pas à proximité immédiate. Il l'entendit s'approcher de la porte qui était ouverte, puis se coller contre le battant qui était lui aussi contre la cloison, il l'avait entendu la choquer.

Sans plus attendre, il tira à travers la cloison, là où théoriquement son adversaire devait se trouver. Une, deux, trois balles, il l'entendit crier et tomber au sol. Il bondit dans l'encadrement et tira à nouveau deux fois. L'assassin était en chien de fusil lorsqu'il reçut la deuxième salve. Sans chercher à viser précisément Gérald avait quand même orienté son tir, et une des balles avait traversé le cou. La carotide était touchée, le sang giclait fort. Sans l'empêcher de mourir, il ramassa le Uzi du presque décédé, et avant de partir en chasse du troisième larron, il se pencha sur l'inconscient et répéta dans la radio ce qu'il l'avait entendu dire avant la fusillade. Tout ce qu'il voulait savoir c'était combien d'adversaires il lui restait à combattre. Visiblement, son ennemi avait compris que la communication n'était pas du genre amical. Et alors que sur un ton moqueur, il proposa à Gérald un mano a mano, un coup de feu claqua dans le silence qui venait de s'instaurer. Gérald resta immobile, il attendait la suite des évènements.

« Et alors mon Gégé ! Tu ne voulais pas jouer avec le monsieur ?
– Anna !
– Hé oui ! Tu ne croyais quand même pas que j'allais rester plantée, cachée, à attendre que tu zigouilles ou que tu te fasses avoir par tous ces peigne-culs ! »

La famille de John l'avait joué fine. Ils avaient appliqué un vieux principe qui, sans fonctionner à tous les coups, avait un bon pourcentage de réussite si l'on s'astreignait à ne pas chanter victoire trop tôt et trop fort. Certes, leur planque était grillée, mais leurs pseudo-protecteurs dormaient éternellement et leurs assassins enrichissaient l'humus du sol, ou l'inverse tant il devenait difficile de savoir qui était qui.

Sans hésiter, ils avaient fui la maison du bord de l'eau avec un sac à dos chacun. Ils avaient laissé les véhicules là où ils étaient et avaient choisi le vélo comme moyen de transport. Cela n'était pas stupide, car ils n'envisageaient pas de partir très loin, à dix/vingt kilomètres maximum de là, pas plus. Se cacher près de son ennemi, sans pour autant être visible, est toujours un bon moyen de ne pas être repéré rapidement. C'est au bout de deux heures de route qu'ils aperçurent au loin une petite maison conforme à leur besoin, à condition qu'elle ne soit pas occupée. Beaucoup d'autres étaient libres, mais elles étaient trop visibles et titillaient l'envie naturelle de venir vérifier qui y habitait.

Elle s'avéra être parfaite. Les nécessaires étaient produits par l'électricité, ils allaient donc oublier le plaisir du feu de bois avec son danger de se faire repérer. Les portes et fenêtres allaient rester fermées côté terre, alors que côté lac Huron, elles pouvaient être ouvertes à condition de ne pas s'afficher dans leur encadrement. La cave et le congélateur étaient bien garnis et il suffisait de vérifier le sens du vent avant de réaliser une préparation odorante. Une télé, mais pas d'ordinateur. Il y avait bien un téléphone fixe, mais Gérald le débrancha en arrivant. La tentation d'appeler, voire de décrocher naturellement s'il sonnait, est toujours trop grande. John voulait contacter le commissaire Fontaine, mais pas avec cet appareil, et surtout pas d'ici. Une fois installé, il attendit la nuit, monta sur un vélo et reprit le chemin de la maison entourée de cadavres. Arrivé sur place, rien n'avait bougé. Il vérifia les traces de pneus, aucun autre véhicule n'était venu. Il vérifia les éventuelles empreintes de pas venant du lac, mais rien, personne n'était venu contrôler que l'élimination de la famille Delatour s'était bien déroulée. Dans les airs, aucun son ne laissait à penser qu'un drone surveillait les environs. John descendit à la cave, espérant que le portable d'Hernandes n'avait pas flambé avec son propriétaire, mais ce qu'il en restait n'était pas utilisable. Il alla à sa voiture qu'il n'avait pas verrouillée, mais n'y trouva qu'un émetteur récepteur qu'il se garda bien d'allumer. Il se rabattit sur les portables des agents de terrain. Il les récupéra tous, s'installa dans la voiture d'Hernandes et les consulta. Beaucoup de messages de ces dames, mais un seul avait reçu d'autres appels. Il devait être le petit chef. John retint son envie de leur jouer un scénario de thriller, et se contenta d'appeler le commissaire Fontaine.

« C'est John. Pour la faire courte, à part nous, tous les autres ont avalé leur certificat de naissance.

– Dangereuse la famille Delatour ! Je suppose que vous n'êtes pas restés sur place ?

– Non, je suis juste revenu pour vous appeler avant de redéguerpir plus loin. Vous avez du nouveau sur l'évolution de la situation ?

– Peut-être. Nous avons intercepté un petit morceau de communication par satellite qui nous a donné deux noms : Nikos et ClubD6, ça vous parle ?

– Non, pas du tout.

– Dommage... pour le reste, nous nous dirigeons droit sur une guerre que certains qualifient de civile. En bref, c'est le bordel, sauf que votre nom est de plus en plus cité dans les discussions des hommes politiques qui ont encore les couilles de rester en place.

– À cause de mon projet de nouvelle gouvernance ?

– Yes sire.

– Et ?

– Et pour le cas où, je passe en langage crypté : « Voilà, je suis autorisé à vous extraire, vous et votre famille.

– C'est sympa ! Et comment allez-vous vous y prendre ?

– Aucune idée ! J'ai transféré le bébé aux services concernés. Par contre, j'ai besoin d'un élément de reconnaissance du site où vous vous trouvez. Un truc un peu particulier.

– Si je mets un vélo sur le toit de la maison où nous sommes, ça sera suffisant ?

– Un vélo ! Oui, je pense que cela fera l'affaire. Bien, ne cherchait plus à me joindre. Positionnez votre vélo et ne tirez "pas immédiatement sur tout ce qui se présentera. En arrivant, mes gars vous donneront le mot de reconnaissance qui sera : 'vélo', courage !

– Merci, vous aussi".

C'est Gérald qui monta le vélo sur le toit et qui arrima la bicyclette. Chose faite, nous n'avions plus qu'à attendre la venue des Forces dites Spéciales.

Après deux jours et un soir à patienter, alors que le noir de la nuit s'était bien installé, alors que la lune était bien cachée derrière de gros nuages, tout à coup Anna tressauta.

"Quelqu'un est là.

– Qu'est-ce que tu as entendu ?

– Un bruit sourd, comme quand tu tapes le sol avec le poing.

– OK, tout le monde écoute arme en main, la sécurité levée."

Le silence qui suivit aurait dû nous permettre de nous entendre halener, mais tout le monde retenait sa respiration. Soudain, comme dans les thrillers où une sonnerie de téléphone vous fait bondir, quelqu'un toqua à la porte sans chercher à passer inaperçu.

"Rangez vos armes, le mot de passe est vélo.
– C'est bon, entrez".

La porte s'ouvrit et pendant deux secondes rien ne se produisit, puis un PM apparut le canon pointé vers le plafond.

"Merci de ne pas nous farcir de pruneaux... s'il vous plait... ma copine me ferait la gueule, même à l'enterrement" dit-il dans un anglais très correct, mais enjolivé d'un accent gascon à couper au couteau.

– John Delatour, enchanté de vous voir, dis John en français.

– Désolé, mais nous n'avons pas le temps d'échanger les politesses, il y a des méchants pas très loin. Prenez vos sacs, vos armes, et suivez-moi sans prononcer un mot. »

Nous partîmes dans la nuit noire, en file indienne, à pied dans la forêt. Trois véhicules étaient sur le chemin d'accès à la maison, ils avaient pénétré en marche arrière. Notre guide nous éloigna d'eux, mais pas plus que ça, et une fois à 100 mètres de là, légèrement en surplomb, il nous fit signe de nous baisser et de ne plus bouger. Il ne fallut pas longtemps pour que ceux qu'il avait qualifiés de méchants apparaissent. À l'attitude des gentils, John comprit que les véhicules étaient les « leurs », même si l'envie de les nommer les « Cadets de Gascogne » le titillait, mais c'était trop tôt, il n'avait entendu que la voix du capitaine. Les méchants firent le tour des véhicules, cherchèrent à ouvrir les portières, regardèrent dessous, puis s'en écartèrent en se tenant à 20 m d'elles. Méchants et soi-disant gentils étaient huit combattants de chaque côté. Le chef leva la main et tous se mirent en position de tir. Trois secondes après, la nuit résonna de huit coups de feu pratiquement simultanés. Six méchants s'écroulèrent. Alors qu'ils devaient faire le point des combattants hors service, nos huit commandos firent à nouveau feu en concentrant leur tir sur les deux rescapés. Quelques

LE LIBRE-ARBITRE

secondes plus tard, eux aussi broutaient la tourbière. Ils approchèrent doucement, et une fois sur place les huit vérifièrent la bonne mort de leur adversaire. Un refusait encore l'évidence, alors un soldat français en territoire ennemi fit le tour et d'une balle dans la tête de chacun élimina un possible aléa.

Le voyage ne fut pas de tout repos. Le Canada étant à éviter, il leur fallut traverser le Michigan, l'Ohio, la Pennsylvanie et enfin le New Jersey.

Le capitaine Grégoire de Gasc était un personnage très sympathique. Pas très bavard, il était doté d'une grande capacité de concentration qui le rendait difficilement abordable. Mais lorsqu'il se sentait serein, il s'ouvrait volontiers au monde extérieur et devenait d'une compagnie fort agréable. D'ailleurs, après les présentations qu'il voulait très précises et détaillées pour chacun d'entre nous, comme son groupe comportait trois Gascons, il accepta avec plaisir de le baptiser « Les Cadets de Gascogne » tant il trouvait qu'il y avait de similitude dans l'union au combat de ses Forces Spéciales et celle des Mousquetaires d'Alexandre Dumas. Et comme l'évidence s'impose toujours, dans les minutes qui suivirent, le « Tous pour un, un pour tous » fut leur nouvelle devise.

Lorsque vous vous déplacez en pays hostiles, chaque ravitaillement et chaque période de repos augmente le danger d'être repéré. D'ailleurs, ce n'était plus ce pays qui leur était hostile, mais les humains de la planète entière qui l'étaient devenus.

Arrivés au New Jersey, ils se dirigèrent directement sur Long Branch. À deux heures, en pleine nuit noire, ils abandonnèrent les voitures et allèrent sur la plage. Moins d'une minute plus tard, trois canots pneumatiques vinrent s'échouer. Une fois à bord, ils partirent en direction de la pleine mer. Personne ne parla et ce n'était pas le bruit des moteurs qui les en empêcha, car ils étaient étonnamment silencieux. Après avoir parcouru quelques kilomètres, les embarcations s'arrêtèrent et attendirent. Comme ils commençaient à le supposer, la suite de leur voyage n'allait pas se faire au grand air, mais plutôt dans une enceinte confinée. Belle expérience en perspective, à condition de ne pas être obligée de jouer à cache-cache avec des sous-marins ennemis. Celui-ci fit surface à moins de dix mètres d'eux. Tandis qu'ils montaient à bord, les canots étaient dégonflés et entreposés dans une soute renforcée du pont.

Il leur fallut onze jours pour atteindre Brest et, d'après les mouvements du bateau et les états d'alerte, ils avaient dû changer souvent de cap, et même respecter un silence total.

Dès leur arrivée, on les conduisit immédiatement sur le parking extérieur de la base où quatre camping-cars de taille moyenne les attendaient, moteur en marche. C'est seulement à ce moment que John connut leur destination. Ils allaient à Guéret, dans la Creuse. Il essayait de se souvenir des endroits qu'ils avaient visités lors de leurs quatre voyages en France, mais Guéret ne lui disait rien.

« Vous ne connaissez pas ? Normal, le trou du cul du monde est mieux connu que Guéret. C'est la principale ville et la préfecture de la Creuse, pour autant, elle compte moins de 13 000 habitants. Pour nous, elle a un double avantage. À notre connaissance, jamais une organisation extrémiste quelconque ne s'y est intéressée, même pour établir une base arrière. Ensuite, en cas d'attaque, vu la faible densité de population, nous pouvons aisément nous déployer et utiliser des armes plus destructives que dans les villes fortement peuplées.

– Si je comprends bien, nous allons rester sous votre protection !

– C'est l'ordre que j'ai reçu. Maintenant, si vous me demandez pour combien de temps encore ? Je vous répondrai que je ne sais pas.

– Et où allons-nous habiter ?

– Dans une ancienne maison de maître louée pour l'occasion. Elle se situe à sensiblement trois kilomètres de Guéret.

– Vous savez, il va falloir trouver une occupation à ma fille et son compagnon, et qui soit en rapport avec leurs compétences, sinon...

– C'est prévu ! Ils vont pouvoir exercer, mais toujours avec une protection que nous essaierons de faire la moins rapprochée possible.

– Maintenant que nous sommes en sécurité, se pose toujours la question, pourquoi vouloir nous éliminer ?

– Ha ! Je ne suis pas autorisé à vous donner la version officielle que je ne connais d'ailleurs pas. Même si, comme vous, j'ai ma petite idée.

– Franchement, ce n'est pas parce que j'ai écrit un essai, et que je l'ai envoyé aux personnes directement concernées dans le but de recueillir leurs réactions, que le monde s'est enflammé !

– Avant de vous donner mon opinion, je précise que nous sortons du cadre professionnel et que cette discussion à bâtons rompus restera entre nous. Bien, ce préalable étant dit, voilà ce que je pense. Non, le monde ne s'est pas enflammé à cause de vous, mais il était prêt à prendre feu et vous n'avez fait qu'allumer la mèche. Maintenant, si nous entrebâillons la porte des noirceurs de la race humaine, je dirais que certains se sont servis de vous. Que vous avez été le bon prétexte au bon moment.

– OK, mais cela ne répond pas à la question, pourquoi nous éliminer ?

– Peut-être pour éviter que vous deveniez le martyre de la révolution, et qu'au nom de ce symbole le monde s'embrase encore plus ! Même s'il me semble qu'il ne reste pas grand-chose à faire pour atteindre le point de non-retour.

– Oui, possible... les humains ont toujours adoré les symboles, et ils ont toujours pris tout autant plaisir à détruire ceux du voisin. Si je comprends bien, je suis le symbole que d'ici peu on va sortir du placard, et je ne serais même pas surpris que l'on me demande de lire un texte déjà bien ficelé.

– Ça, je ne sais pas. Mais franchement, je n'en serai pas étonné.

– Et l'autre possibilité ?

– Effectivement, il est tout aussi possible que dans un cadre sécuritaire il devienne plus intéressant de vous éliminer.

– Et comment réagirez-vous si vous recevez cet ordre ?

– Cela fait longtemps que je ne me pose plus ce genre de question, de toute façon, elles n'ont pas de bonnes réponses. Enfin, si, il y en a une, mais elle n'est pas audible par les humains.

– L'élimination du parasite ?

– Oui, c'est ça.

– Et si j'incite chaque humain à tuer son voisin ?

– Hum, je ne suis pas certain que vous ayez le temps de le faire. Et puis, est-ce qu'en exemple vous tueriez votre famille ? Non ! Alors cette hypothèse n'est pas réaliste.

– Ouais, logique. Mais il n'est pas réaliste, non plus, de tuer au non d'un dieu imaginaire.

– Effectivement... vous voyez, il n'y a aucune perspective d'avenir pour le méchant à deux pattes ».

Chapitre 14

« Monsieur Delatour, je viens de recevoir un ordre de mes supérieurs. Vous devez prendre connaissance de ce document, c'est une vidéo. Il est intitulé "à l'attention de monsieur Delatour". Il n'est pas crypté, cela signifie qu'il a été déjà visionné par toute ma hiérarchie.
– Par vous aussi ?
– Non, je ne me serais pas permis !
– OK, regardons-la ensemble. »
John allume sa tablette de terrain. Apparait immédiatement une table en forme d'arc de cercle, derrière laquelle six personnes sont assises. En fond, le mur est blanc. Aucune inscription ni décoration quelconque. Les visages sont idéalement floutés, impossible de les reconnaitre. La voix qui s'exprime est off et modifiée, aucune des lèvres des personnages ne bouge.
« Monsieur Delatour, nous sommes enchantés d'entrer en contact avec vous. Vous l'avez déjà compris, c'est notre club qui est à l'origine des évènements dont vous vous protégez. Notre objectif est de mettre en place vos préconisations. Comme vous l'avez si bien exprimé dans vos écrits, toutes les gouvernances existantes doivent céder la place. Toutes les croyances en des dieux imaginaires doivent s'éteindre. Tous les systèmes commerciaux actuellement en place doivent cesser et, bien sûr, la préservation de notre environnement doit devenir notre priorité.
Comme toujours, les changements qui doivent se faire dans l'urgence se font nécessairement dans la douleur.

D'ici peu, nous lancerons la dernière phase du processus, la reconstruction. Sa première action sera la mise en place des nouvelles gouvernances.

Monsieur Delatour, dans la phase de reconstruction, la violence n'est pas utile, exception faite contre ceux qui voudront empêcher qu'elle existe. Et pour ne rien vous cacher, nous en connaissons un grand nombre qui n'a pas intérêt à ce que ce principe soit établi. Seront-ils capables de modifier leur façon de penser, et donc leurs comportements ? Nous les observerons avec attention et agirons en conséquence.

Vous avez été le carburant de ce bouleversement, maintenant, nous vous proposons d'en être le référent, et plus précisément, le garant de sa bonne rationalisation.

Vous devez vous interroger, et notamment vous demander : "comment échapper à ce piège qui peut ne viser qu'à se servir de moi comme d'un bouc émissaire ?" Aussi, tandis que les guerres civiles éliminent les structures existantes, nous vous proposons de vous donner carte blanche pour assister notre projet, et donc d'intervenir pour le réorienter si vous considérez qu'il n'est pas sur la bonne voie. Comme vous pouvez le constater, celui que nous avons baptisé "Le ClubD6" est en tous points conforme à votre projet, trois femmes et trois hommes, avec pour chaque genre, un jeune, un dans la force de l'âge et un expérimenté. Il ne vous a pas échappé non plus que si vous nous rejoignez, votre voix sera certainement décisive, même si nous ne fonctionnons pas par le principe de la majorité, mais par celle des 2/3. Nous vous laissons réfléchir à cette opportunité, mais pour ne pas plonger le monde dans un chaos d'où nous ne pourrions pas revenir, nous vous demandons de nous transmettre votre réponse sous quinze jours. Vous comprendrez que sans retour de votre part dans ce délai, nous considérerons votre silence comme un refus et nous continuerons ce projet sans vous.

Au plaisir de vous accueillir parmi nous monsieur Delatour. »

Avant de réfléchir à cette proposition, John voulait revoir la vidéo, l'entendre à nouveau et autant de fois que nécessaire, jusqu'à ce qu'il se sente serein et prêt à l'étudier.

« Hormis sur le fond, est-ce que vos spécialistes ont fait une remarque sur la forme ou sur une autre possibilité de messages subliminaux ?

– Non, elle est arrivée avec la mention "aucun commentaire", ce qui signifie qu'ils n'ont rien trouvé.

– OK, repassez-là s'il vous plait. »

Après la troisième lecture, il décida de la présenter à toute la famille... en effet, ce genre de décision ne se prend pas seul, isolé dans son coin.

Depuis le début de cette affaire, la forme qui lui avait été donnée était bien sûr inacceptable, mais le fond, lui, impossible de le rejeter... et si c'était un piège ! Dans ce cas, tous les membres de ce club relèveraient des secteurs psychiatriques les plus durs.

Deux heures qu'ils discutaient et il fallait bien reconnaître que s'ils ne parvenaient pas à sortir de cet imbroglio, c'était bien qu'il y avait autant d'arguments favorables que défavorables et que la gravité de la décision ne leur échappait pas !

C'est à ce moment-là que le capitaine Grégoire de Gasc se présenta à eux. John se doutait bien que l'intervention de leur sauveur allait venir troubler encore plus la vision qu'ils avaient de la décision à prendre et, comme dans les jeux de rôles, ils risquaient de patauger avec les « je le savais », « il savait que je le savais », et cetera. Il les salua, signe qu'il était porteur d'une information officielle :

« Les services de sécurité intérieure et extérieure du territoire, les généraux des armées et le faisant fonction de Président de la République pour le Président empêché, se proposent de vous assister dans votre réflexion. Durant ces quinze jours, vous pourrez les contacter dès que vous en éprouverez le besoin, quels que soient l'heure et le jour. La seule restriction sera qu'ils vous entendront simultanément, et que les réponses et conseils qu'ils pourront vous apporter seront collectifs. Je vous laisse ce téléphone, il fait partie du groupe de communication, il vous suffit de composer le "1" et vous serez en conférence avec les personnes que je viens de citer. »

Le capitaine leur signifia la fin de son intervention en renouvelant son salut, et il sortit de la pièce.

« Waouh ! Je suis peut-être trop naïve, mais c'est bien la première fois que je vois les membres d'un gouvernement ne pas chercher à imposer leur point de vue alors que le contexte est critique, nous balança Anna alors que Grégoire n'avait pas encore refermé la porte.

– Anna, l'apparence peut être trompeuse. Je te rappelle que par la force des choses et au niveau où elles en sont, notre décision impactera tous les pays. Alors prudence, et ne laissons pas notre désir de trouver rapidement une solution simple s'imposer à nous, car il est évident qu'elle a peu de chance d'exister.

– Ouais... qu'est-ce que je disais ? Ah oui, trop naïve.

– Je vous propose de laisser le problème sur la table, d'essayer de l'oublier un peu, et de le reprendre une fois que nos cerveaux seront plus sereins. »

Tous acquiescèrent et, timidement, s'en retournèrent à leurs occupations. Pour sa part, John quitta la maison et partit marcher un peu. Il voulait téléphoner au commissaire Fontaine, mais à quelques kilomètres de leur lieu de résidence, et pas avec son portable.

Il fit la demi-heure de marche nécessaire et entra dans Guéret. Il demanda à une brave femme qui portait un panier de provisions où se trouvait la Poste la plus proche, quand il vit un large sourire légèrement moqueur orner tout à coup son visage :

« Là, monsieur, au bout de la rue, on voit d'ici le panneau ! »

Il la remercia chaleureusement et se pressa d'y arriver. Une cabine s'y trouvait et, à l'épaisseur des vitrages, elle laissait supposer que le reste du monde n'allait pas partager ma discussion.

Il composa le numéro et en quelques secondes le commissaire décrocha.

« C'est John Delatour, je vous appelle d'une cabine. Avez-vous du nouveau ?

– Oui concernant le fameux Nikos, mais non concernant le ClubD6.

– Amusant, car de mon côté c'est l'inverse. Nous sommes à Guéret sous la protection des Forces Spéciales, dirigées par le capitaine Grégoire de Gasc, et je viens d'être contacté par le ClubD6 qui me propose de les rejoindre pour ce qu'ils nomment "la phase de reconstruction". Il s'agit d'une vidéo vue et analysée par tous les services que vous pouvez imaginer. J'ai quinze jours pour donner ma réponse.

– Voilà qui sort de l'ordinaire !

– Pouvez-vous vous renseigner ? Ce n'est pas que je doute de tout et de tout le monde, mais un peu quand même.

– Et pour autant, vous avez confiance en moi ?

– Ben oui... ne me demandez pas pourquoi, car je serais incapable de vous répondre.

– Bon, je ne peux rien vous promettre, mais je vais essayer. Rappelez-moi dans une semaine à la même heure, et même si vous avez déjà pris votre décision, ne donnez pas votre réponse avant la fin du délai.

– OK, et faites attention à vous, ça chauffe. »

« Il a raison le bougre, je n'ai aucune raison de lui faire plus confiance qu'aux autres. D'ailleurs, au vu de la situation, est-il seulement logique et rationnel de me fier à mes ressentis ? »

Parmi les 92 tueurs qui exerçaient pour lui, il y en a un qui sortait du lot. Non seulement il faisait preuve d'imagination, mais ses initiatives étaient toujours pertinentes et couronnées de succès. Le ClubD6 lui avait demandé de missionner sont meilleur assassin pour éliminer un cas particulier. Jusque-là, pas de problème. Seulement voilà, une fois la cible HS, c'était le tueur qu'il faudrait rayer de la liste des vivants. Et dire qu'il n'aimait pas supprimer ses exterminateurs sans bonne raison, c'était être très en dessous de la vérité. « Quoi de plus mauvais pour la loyauté ? Et que risque-t-il de se passer si les tueurs n'ont plus confiance dans le donneur d'ordre ? Une petite idée ne s'impose-t-elle pas immédiatement en réponse ? Hum, il ne faut pas sortir d'une grande école pour imaginer la suite ».

En bref, sa situation devenait difficile. Cela n'avait rien d'extraordinaire, il dirait même que c'est une des facettes de la règle de ce jeu. « Je commandite des tueurs et je meurs de la main de mes tueurs... celui qui vit par l'épée meurt par l'épée. Bon, je suppose que tout le monde comprendra que je vais la jouer "allongement de la temporalité". Mourir, oui, mais quand je serai décidé. Alors, en attendant que la mort et moi soyons devenus copains-copains, mesdames et messieurs du ClubD6, n'oubliez pas que le commanditaire c'est encore moi ! Que je suis celui qui donne l'ordre à un tueur d'assassiner Pierre, Paul ou Jacques et pour l'instant, la confiance est réciproque. Alors oui, la cible va aller ad patres, mais par quel tueur, ça, c'est moi qui vais le décider ». Voilà, il n'y a plus qu'à attendre que la cible soit désignée.

La semaine était passée et l'heure était arrivée. John était dans la cabine téléphonique et il composa le numéro du commissaire Fontaine.

« Je la fais rapide, monsieur Delatour. De ce que j'ai pu avoir comme retour tant des Chinois, que des Australiens, des Algériens et même des Finlandais, le ClubD6 est présent partout et il tire les ficelles pour que les choses avancent comme il le veut et à son rythme. Comment s'y prend-il ? Par la peur. Il a une armada de tueurs très performants qui réagissent au doigt et à l'œil. Vous vous élevez contre lui, vous mourrez. Vous n'êtes plus bien positionné sur l'échiquier, vous mourrez, et cetera. Le chargé de la mise en place des révoltes, guerres civiles et des exécutions est le fameux Nikos Palakis. D'après notre service d'analyse, l'élimination des chefs de clans, de gangs et autres dirigeants en sous-marin, est bien le signe de la mise en place d'une nouvelle phase de leur stratégie. Concrètement, les personnages du ClubD6 nous sont toujours inconnus, et quand je dis "nous", je parle d'Interpol et des autres similaires. Concernant Nikos, un gros changement de méthode vient de se mettre en place. Jusqu'à la semaine dernière, il était bien caché dans les iles, en Grèce, et à Paris, selon son humeur. Mais maintenant, il nous la joue "je bouge, sans arrêt je me déplace, une heure au même endroit est le maximum que je m'autorise". Est-ce que cela est lié à la nouvelle stratégie ? Est-ce qu'il se sent en danger ? Pour l'instant, nous ne savons pas. Voilà, il faut que je vous laisse, l'infiltration de la hiérarchie par des sympathisants du Club se situe à tous les niveaux, et si vous ne suivez pas les directives à la lettre, vous vous retrouvez dans la rue pour assurer le maintien de l'ordre ! Sans commentaire. Ne me dites pas quelle décision vous avez prise, on ne sait jamais.

– C'est simple, je ne l'ai pas encore prise, j'attends le dernier jour. Courage, et gardez-vous.

– Promis, à bientôt ! »

« Ils n'avaient pas eu le temps d'analyser le changement brutal de méthodologie de Nikos, mais il est aussi très possible qu'il n'ait pas sa place dans la dernière phase du processus. Si c'est le cas, en homme d'expérience, il sait que lorsque la décision est prise, bouger c'est survivre. Maintenant, s'il est au courant de la proposition que m'a fait le ClubD6, sa survie pouvait aussi être liée à la nécessité que je meure, quelle que soit la décision que je prendrai ». Ils étaient dans les deux derniers tours d'un 5 000 mètres. Le train augmentait et tout le monde se positionnait pour ne pas être éliminé avant le sprint final, car, comme toujours, l'avenir florissant ne sera accessible qu'aux présents sur le podium.

Au niveau de l'attention qui leur était portée par Grégoire et sa troupe, pas de changement. Ils étaient toujours aussi professionnels et rien n'indiquait que la situation soit plus critique qu'avant. Par contre, John sentait le stress monté dans la famille Delatour. L'idée des conséquences de l'éventuel mauvais choix provoquait de gros troubles du sommeil, et les manifestations physiques de la peur étaient de plus en plus présentes : tassement sur soi-même, bras croisés, contraction des muscles, gestes compulsifs et maladroits et même maux d'estomacs et diarrhées. Aucun n'y échappa, John compris. C'est dans ces situations que les prises de décisions non rationnelles ont tendance à vouloir s'imposer, et ce, dans l'unique but d'abréger les souffrances générées par une difficulté majeure. Même si nous avons conscience que la décision qui nous attire n'est pas la bonne, elle aura un avantage, elle mettra fin à cette torture.

À 48 h de sa prise de décision, il appela le capitaine Grégoire de Gasc et lui proposa de faire quelques pas avec lui. Le soldat informa son équipe de ce changement et, son Beretta à la ceinture, il se cala sur son pas.

« J'aimerais que vous me donniez vos avis, celui de Grégoire de Gasc et celui du capitaine des Forces Spéciales.

– Vous n'arrivez pas à vous décider ?

– Oui, c'est vrai... il y a autant d'avantages que d'inconvénients, et tout autant de possibilités de faussetés que de vérités. En bref, quelle que soit la méthode de résolution que j'emploie je me retrouve dans une impasse. Aucune bonne ou mauvaise solution, ce qui finalement est assez normal puisque rien n'est blanc ou noir, mais toujours gris plus ou moins foncé.

– Je vous avoue que je ne vois pas trop en quoi mes deux personnalités peuvent vous aider.

– Peut-être en répondant à mes questions ! Capitaine, quelle est ma meilleure chance de ne pas prendre une balle dans la tête dans chacun des cas, sachant que mon "je" intègre aussi ma famille ?

– D'abord, si la décision de vous descendre est prise, effectivement, votre famille subira le même sort. Et ce, quel que soit l'ordonnateur.

Deuxièmement, je pense qu'il y a plus de risque que la tentative soit rapide, voire immédiate, de la part du ClubD6 si vous refusez leur proposition. Si vous l'acceptez, la majorité des dirigeants des pays attendra pour voir, mais la majorité seulement. Ce qui signifie que les totalitaires et ceux à tendance autocrate ne laisseront jamais s'imposer un régime *Humaniste*, comme vous l'avez décrit... j'ai lu votre essai. Pour eux, vous serez à abattre le plus rapidement possible, pour autant, moins vite que le ClubD6.

– Et ceux qui ne pensent que par intérêt financier ?

– Ceux-là trouvent toujours le moyen de tirer profit de toutes les situations. Aussi, tant que vous ne nationaliserez pas les entreprises... et encore, non, rien à craindre de ce côté-là.

– Et qu'en pense Grégoire ?

– Pour lui, avec le temps, les choses de la vie sont devenues relativement simples. Constat est toujours fait que nous sommes tous des pions et ce que nous pensons n'a aucune importance, sauf si notre opinion rejoint celle d'un très grand nombre et représente une force. Mais soyons sérieux, dans ce cas-là, quelle opinion n'est pas dénaturée et vulgarisée, dans le mauvais sens du terme, afin d'être acceptée et simplement comprise par un grand nombre. Fort de ce constat, pourquoi ne s'est-il pas retiré au fond des bois pour vivre en autarcie avec des animaux ? Eh bien, sachez qu'il envisage très sérieusement d'expérimenter cette éventualité.

– Je vous présente mes excuses avant de vous poser cette question et, bien sûr, vous n'êtes obligé en rien de me répondre, mais si dans le cadre de votre travail il vous est demandé de tuer, comment parvenez-vous à supporter psychologiquement cette situation ?

– Ne vous excusez pas, car indépendamment du fait que je ne suis pas trop mauvais pour réaliser ce travail, je me conditionne pour refuser d'être autre chose que ce que je suis, c'est-à-dire un sujet mis en situation d'obéissance, un sujet agentique. Et comme Milgram l'a fait remarquer, dans ce cas-là la syntonisation et la perte du sens de la responsabilité sont mises en évidence. Aussi, afin d'ôter toute autre considération, je me trouve quasi constamment en situation de tuer pour ne pas l'être, ce qui est assez confortable d'un point de vue psychologique.

– Pensez-vous vous retrouver en situation de devoir nous éliminer ?

– Je suis incapable de répondre à la question "vais-je recevoir cet ordre ?" Par contre, si c'est le cas, j'ai déjà réfléchi à l'attitude que j'adopterai. Je refuserai d'exécuter l'ordre. Est-ce que je le ferai directement ou indirectement ? Ça, je ne le sais pas encore. Concrètement, directement signifie cour martiale, et indirectement signifie empêcher que l'ordre soit exécuté, donc signifie prendre le maquis.

– ...

– Vous ne dites rien !

– Disons que je ne... »

Mais le plaquage de Grégoire ne lui permit pas de finir sa phrase. Par contre, il ne l'empêcha pas d'entendre ce qui devait être des impacts de balles arracher le goudron et d'autres rebondirent contre le muret situé en bordure de route, derrière eux. Le cerveau est toujours étonnant, dans la même fraction de seconde John se disait qu'ils avaient peut-être laissé de côté l'hypothèse que quelqu'un avait intérêt à ce qu'il ne prenne aucune décision ou se serve de lui comme prétexte, et aussi, que la sécurité du reste de la famille Delatour était théoriquement bien assurée, sauf si le commanditaire était le gouvernement français. Franchement, il commençait à en avoir ras le bol de toute cette histoire, et pour le cas où tout ce petit monde n'avait pas encore compris le principe de causes à effets, il n'avait réussi qu'une chose, lui faire prendre sa décision.

Alors que le capitaine roulait dans le fossé en tenant John serré contre lui, il était déjà en communication avec ses équipes qui elles aussi essuyaient des attaques.

« Le point. De mon côté, le tireur à moyenne distance n'est pas un bon. Alors que je me disais que le paysage était idéal pour une attaque, il a fait bouger un arbuste ce qui m'a permis d'éviter la rafale meurtrière. Il a un FM en main. Pas de blessés.

– Idem de notre côté, deux FM, et pas plus doués... ils se sont mis à arroser la maison et ne s'arrêtent pas de tirer. S'ils continuent sur ce rythme, dans deux minutes maxi leurs FM vont chauffer et bloquer. Pas de victimes ni de blessés.

– Pas mieux pour nous : un FM, pas de victimes ni de blessés chez les humains, mais plusieurs chez les animaux des vétos.

– OK, vous attendez la montée en température, et un gars se libère en mode sioux. De mon côté, je vais le laisser venir. »

Il se mit à ramper dans le fossé, jusqu'à un endroit plus profond, et mit son doigt devant sa bouche. De la même manière, il fit quelques mètres de l'autre côté, sinon qu'il était dix fois plus rapide que John pour les faire et qu'il se redressait une fraction de seconde pour se faire repérer, ce qui lui valait une belle grosse rafale en retour. Il continua de manière à que le tireur suppose qu'ils cherchaient à se faufiler par le fossé et, comme le capitaine le pensait, le tireur sortit des bois et commença à progresser avec pour objectif de les rejoindre avant le virage que faisait la route à sensiblement 200 m de là. Alors qu'il était en plein milieu d'un champ, tirant en coup à coup tous les trois pas, d'un bond Grégoire changea de fossé pour se retrouver plus près de son adversaire. Surpris par cette décision, le tireur s'arrêta. Comme rien de nouveau ne se passait, il changea son chargeur et reprit son avancée. Ne voulant pas être surpris, il rapprocha sa cadence de tir et son pas se fit plus rapide. C'est lorsqu'il fut à sensiblement 25 m de Grégoire que celui-ci devint actif. John le vit se mettre en position de tir alors qu'il était accroupi dans le fossé et, après un dernier coup d'œil, certainement pour confirmer la position qu'il avait en tête de l'adversaire, il leva les mains qui tenaient son Beretta et tira une balle, une seule balle qui fit mouche. L'assassin cria et s'affala, visiblement touché à la jambe. La balle ne l'avait pas mis hors de combat, mais elle l'empêchait de progresser. Le blessé continua à tirer pour se protéger, mais cette fois en coups beaucoup plus espacés. Le capitaine des Forces Spéciales était toujours dans le fossé, dans la même position. Il regarda à nouveau furtivement, prit une seconde de plus pour rectifier sa position de tir, redressa ses mains et tira.

John n'entendit aucune plainte, l'adversaire ne réagissait pas à ce tir. Il se dit que Grégoire allait devoir prendre plus de risques, et c'est ce qu'il fit. Il se redressa, totalement visible, et son arme pointée sur son adversaire, il avança, prêt à tirer au moindre geste de celui-ci. Arrivé à deux mètres de lui, il se retourna et me fit signe de sortir. John s'approcha et constata qu'au-dessus des yeux, il n'y avait plus de front ni de crâne. À son regard interrogateur, Grégoire répondit :

« Ça ne sert à rien d'être dans les Forces Spéciales si nous n'avons pas de munitions spéciales. »

Puis il l'entendit interroger les autres équipes par radio :

« On fait le point. »

Les deux autres équipes avaient, elles aussi, éliminé les menaces. Bien sûr, les morts n'avaient rien dans les poches, et après une recherche minutieuse qui nécessita de les mettre nus, tout ce qu'ils avaient en commun c'était la provenance de leurs vêtements. Mais cela ne les mettait pas sur une piste, car autant les vêtements étaient d'origine chinoise, autant les combattants n'avaient rien d'asiatique ni même une autre particularité que celle de laisser à penser qu'ils étaient du coin.

Le capitaine était très perturbé. Il y avait quelque chose qui lui échappait :

« Qui peut avoir intérêt à lancer ce genre d'attaque ? En effet, aucun des combattants qui nous ont été envoyés n'était aguerri à ce genre de combat. Ils avaient bien reçu une formation militaire, mais sans erreur possible, le commanditaire savait que la mort les attendait et que l'objectif ne serait pas atteint. »

John intervint dans sa réflexion :

« S'il ne pouvait pas l'être, c'est que c'était un leurre.

– Oui, d'accord avec vous, mais à part vous foutre la frousse pour vous pousser à vous décider plus rapidement, et éventuellement mettre en évidence qu'ils savent où nous sommes, voire, qu'ils peuvent nous bloquer sur nos défensives pour que nous nous sentions vulnérables... je veux bien, mais tout ça n'est pas très convainquant ».

– Si ce n'est pas un avertissement, cela peut signifier que nous sommes une cible, mais pour un autre adversaire.

– Oui, et si nous ne prenons pas au sérieux cette alerte, nous risquons une attaque beaucoup plus franche d'ici peu.

– Une alerte du ClubD6 ?

– Possible, mais pas certain... par contre, deux choses le sont. Nous manquons d'informations pour vérifier nos hypothèses, et nous devons bouger, là, tout de suite, sans faire de préparatifs. »

Pour lui, la notion de « tout de suite » n'était pas dans un quart d'heure ! Il ordonna d'évacuer en urgence les autres membres de la famille Delatour en prenant la route nationale en direction du nord. Ils revinrent en petites foulées, récupérèrent le sac de voyage qu'ils avaient tous en réserve, pour le cas où, et montèrent dans la voiture. Il rattrapa la nationale et prit la direction du sud.

« Euh, sauf erreur de ma part, le nord c'est dans l'autre sens !

– Oui, c'est bien ça. Mais lorsque je demande une évacuation en urgence, mon équipe sait qu'il faut prendre l'opposé de l'orientation que j'ordonne. Ainsi, si nous rencontrons une résistance en roulant vers le sud, cela signifiera que nous avons une taupe parmi nous. »

John le regarda, un peu étonné, prêt à lui proposer une consultation pour éviter qu'il plonge dans les affres de la suspicion pathologique, mais se ravisa, car finalement, la seule certitude qu'ils avaient aujourd'hui, c'était que tout était possible.

Après une demi-heure de route, il appela les autres véhicules :

« Le point de la situation.

– Véhicule Elena Delatour kilomètre 68, RAS.
– Véhicule Anna et Gérald kilomètre 54, RAS.
– Véhicule accompagnant Anna et Gérald kilomètre 54, RAS.
– OK, on continue jusqu'à nouvel ordre. »

Toutes les demi-heures, Grégoire faisait le point avec les autres véhicules, et pour l'instant, tout se passait bien. Après 2 h 30 de route ils arrivaient à Tulle.

Il lui donna son portable et lui demanda d'appeler l'ONACVG. John n'avait aucune idée de ce que c'était, mais il appuya sur le numéro préprogrammé et lui tendit l'appareil.

« Grégoire ! Quelle agréable surprise. Comment va mon capitaine de fils ?

– Bonjour, mon colonel de père, pas de bobo, mais les Forces Spéciales ont besoin d'un coup de main. Désolé, ça urge un peu.

– OK, je t'écoute.

– Quatre véhicules avec un total de douze personnes, dont quatre civils à planquer, je ne sais pas combien de temps.

– OK, j'ai la solution. Tu te souviens comment aller chez tonton Julien ?

– Oui, bien sûr, mais n'oublie pas de le prévenir avant notre arrivée... tu vois ce que je veux dire ?

– Et voilà, toujours des suspicions... cela fait au moins trois ans qu'il n'a pas sorti le fusil. Ah si, lorsqu'il a cru que la William vendue sous le coude était coupée. Mais bon, il n'a pas tiré.

– Uniquement parce que le bouilleur de cru est tombé dans les pommes avant.

– Ce n'est pas faux... bon, je l'appelle. Je passerai ce soir avec ta mère pour te faire une bise. »

Amusant comme cela change la vision que vous avez d'un homme lorsque vous assistez à une discussion familiale.

« La famille du côté de mon père est originaire d'Auch, mais celle de ma mère de Tulle. Et comme les hommes se plient toujours à ce que les femmes désirent, mes parents se sont installés à Tulle.

– Et tonton Julien ?

– Un cas, un vrai. Il a une grosse maison bourgeoise complètement déglinguée, qui a le gros avantage d'être perdue dans la cambrousse.

– Vous pensez que la crainte d'une taupe n'est plus d'actualité ?

– Disons que mon tonton sait très bien piéger ces gentilles petites bêtes. Certains les traitent avec des pétards, lui, il préfère les faire exploser.

– Et adieu le potager !

– En conserve du jardin, il a toujours une réserve de cinq ans pour toute la famille. Autant il est complètement siphonné du ciboulot, autant il a un sens de la famille hyper développé.

– J'ai le droit de m'amuser un peu avec son cerveau ?

– Si vous voulez finir en pâtée pour chien, pas de problème. Ah ! un petit détail qui a son importance, il a une grosse dizaine de chiens de garde... des dogues de Bordeaux.

– C'est ma fille et Gérald qui vont être contents !

– Attendez qu'ils découvrent les chevaux qui viennent finir leur vie chez lui, son élevage d'ânes et je ne sais pas combien de sortes de volaille. Ah, j'allais oublier, il est très fortement déconseillé de dire du bien des pharmaciens. Étant jeune, la fille dont il était fou amoureux l'a quitté pour un pharmacien à la raison que mon tonton avait un caractère soi-disant trop entier... ce qui, bien sûr, est totalement incompréhensible.

– En bref, un vrai petit paradis pour la famille Delatour.

– Attendez !... Non, je ne crois pas l'avoir entendue critiquer les Américains.

– Ne vous inquiétez pas, nous le faisons pour tous ceux qui n'y pensent pas. »

Sur ces bonnes paroles, il appela ses équipes et leur donna rendez-vous à la sortie de Tulle.

Effectivement, après une petite demi-heure de balade entre champs et forêts, ils arrivaient devant une maison bourgeoise qui serait magnifique si elle était bien entretenue.

En tête de file, Grégoire s'arrêta devant le portail pourtant grand ouvert et attendit l'autorisation de tonton Julien pour pénétrer sur la propriété.

C'est sur un vélo des années cinquante que tonton fit les presque trois cent mètres nécessaires pour venir les accueillir. Avec tonton Julien, ne jamais être pressé. Il pédalait à une vitesse de peut-être dix kilomètres par heure, escorté par trois dogues de Bordeaux réellement impressionnants. D'ailleurs, en parlant d'impression, tonton Julien ne laissait pas indifférent. Malgré ses 70 ans passés depuis un temps difficile à définir, il tenait toujours bien droit ses presque 1,85 m, et il n'avait pas besoin de faire de footing pour perdre son ventre puisqu'il n'en avait pas. Quant à son visage, il vous faisait réellement peur lorsqu'il était sérieux, mais lorsqu'il souriait, il devenait la plus avenante et la plus agréable personne. À peine arrivés, Anna et Gérald fixèrent les dogues qui marquèrent d'abord un temps d'arrêt, puis qui s'élancèrent vers eux pour leur faire des fêtes.

« Voyez-vous ça ! C'est bien la première fois qu'ils me la font celle-là...

– John Delatour, enchanté. Ne vous inquiétez pas, ma fille et son compagnon préfèrent les animaux aux humains, ce en quoi ils ont raison. Ils sont vétérinaires spécialistes des chevaux.

– Alors, dites-moi pourquoi mon petit Grégoire ne vous a pas amené chez moi plus tôt ? Figurez-vous que vos vétos ont une urgence à traiter, et sans délai sinon nous allons devoir creuser un gros trou. Grégoire, tu t'occupes des invités, et vous, prenez vos mallettes et venez avec moi. »

Il reprit son vélo, et maintenant accompagné des dogues et de leurs nouveaux compagnons, ils partirent sauver une vie.

LE LIBRE-ARBITRE

Avant de s'installer, Grégoire organisa la surveillance de la propriété. Il faut dire qu'à vue de nez, elle devait comporter six à sept hectares clos de murs, ce qui nécessitait d'utiliser les véhicules. Une fois tout en place, et après nous être installés dans des chambres rustiques, mais confortables, ceux qui avaient quartier libre visitèrent la propriété, guidés par Grégoire. Ils apprirent que les 200 hectares qui l'entourent sont loués à des paysans qui ne payent pas de loyers, mais rétribuent Julien en satisfaisant à ses besoins.

« Concrètement, tonton ne s'occupe que de ce qu'il a envie, le reste est géré en totalité par "La grande famille de la campagne", compris taxes et impôts. Avec une vision comptable, La grande famille est largement gagnante, mais c'est le genre de truc dont Julien se fout éperdument. Lui, ce qu'il veut, c'est vivre les dernières années de sa vie comme bon lui semble. Il n'a pas d'enfant et les quelques membres de sa famille qui l'entourent chaleureusement le comprennent mieux que tous les autres, compris la femme dont il est encore amoureux, cinquante ans après qu'elle l'ait quitté. Cela ne veut pas dire que durant tout ce temps il est resté sage comme une image, loin de là, mais malgré ses nombreuses conquêtes, il n'est jamais retombé amoureux. Maintenant qu'il est entré dans l'hiver de sa vie, il reste avec ses souvenirs... et lorsqu'il ressent le besoin de sentir contre lui le corps d'une femme, il préfère aller voir ses copines professionnelles avec qui il se marre bien. Tomber amoureux ! Il a toujours trouvé stupide le langage qu'utilise la majorité des gens concernant l'intimité : "Tomber amoureux", "Tomber enceinte", pourquoi "tomber" ? "Être" c'est quand même mieux ? Être amoureux ! Voilà qui signifie que nous le sommes pleinement, qu'il n'y a pas une parcelle de notre corps qui ne le soit pas, tout comme "être enceinte". Enfin, ce n'est pas grave, le monde du commun des mortels ne l'intéresse pas, et pour qu'il n'y ait pas d'ambiguïté, c'est plutôt, pas du tout de chez pas du tout ».

Grégoire de Gasc semblait prendre plaisir à raconter la vie de sa famille. Il est vrai qu'elle sortait de l'ordinaire et rien n'est plus déprimant que de n'avoir rien, strictement rien à dire d'intéressant sur ses proches, voire d'en avoir honte.

En entrant dans les écuries, ils entendirent des rires, de francs rires parmi lesquels John reconnut celui d'Anna. Dans un box, Anna, Gérald et tonton Julien étaient en train de vider une bouteille de blanc. Enfin, une bouteille parce qu'il n'en restait trois fois rien et que les tire-bouchons, bouchons et coiffes étaient posés sur le tonneau qui sert de table.

« Madame et Monsieur Delatour, je vous félicite, et j'en fais autant pour la famille de Gérald qui n'est pas présente. Du grand art ! Alors que depuis toujours, lorsque le meilleur ami de l'homme a ces symptômes, il faut l'opérer, et neuf fois sur dix il ne survit pas, voilà qu'Anna la demi-Amerloque et Gérald le 100 % ricain se pointent la gueule enfarinée et la frousse au ventre. Ils se mettent à masser fortement la bête, à quatre mains, et voilà que ma vieille carne redresse la tête, piaffe de plaisir et frotte sa tête contre le duo de charme en signe de remerciement. Je ne croyais pas le dire un jour, mais vive les presque Amerloques et mort à ceux qui veulent leur faire la peau. Oh putain, je crois bien avoir torché la bibine un peu trop vite... Bon, je vous laisse, il faut que je m'allonge un moment. »

John le regardait attentivement, et sa brusque difficulté respiratoire n'avait aucune relation avec celle qu'il appelait « bibine ».

« Anna, Gérald, assistez-moi il faut le trachéotomiser.

– Il gonfle, est-ce que quelqu'un connait son allergie ? Vite un stylo, un tuyau quelconque ! »

Un Bic tout ce qu'il y a de plus banal arriva dans les mains d'Anna.

« Laisse papa, je m'en occupe. »

Assistée de Gérald, elle le positionna idéalement et d'un geste sûr et rapide elle fit une incision et enfonça le tube vide du stylo. Immédiatement, la cage thoracique gonfla et tonton Julien reprit des couleurs. Pendant ce temps, Grégoire était au téléphone avec sa mère, la sœur de Julien.

« Jamais entendu parler d'allergie pour Julien.

– Est-ce qu'il a ramassé des champignons, non, je dis n'importe quoi, l'allergisant est ici et il vient de l'avaler, de le respirer ou dans des cas beaucoup plus rares de le toucher. »

Tandis qu'Anna finissait sa phrase, les bras de Julien faisaient des moulinets.

« Il veut nous dire quelque chose... ne cherchez pas à parler et guidez-moi en me serrant la main une fois pour oui, deux fois pour non. Vous avez compris ?

Il lui serre une fois la main. Bien, est-ce que vous savez à quoi vous êtes allergique ? Deux fois, voilà qui ne va pas arranger les choses.

– Vous voulez nous dire qu'il s'est passé quelque chose ? Une fois.

– Ici ? Une fois

– En buvant le blanc ? Une fois

– Vous avez avalé un truc ? Deux fois... il lui prend la main et la pose sur son épaule tout doucement.

– Il y a quelque chose sous sa veste !

Elle l'assit, et avec précaution elle enleva son trousse-pet.

Merde... une microseringue hypodermique ! »

Il ne lui fallut pas attendre le dégel pour, après avoir d'abord jeté un œil circulaire, que Grégoire alerta ses hommes par un « ennemi en enceinte ». Tandis que les Forces Spéciales exploraient les locaux et les alentours, Elena appelait le 15 et Grégoire se renseignait auprès d'Anna et Gérald sur le type d'arme susceptible de projeter cette seringue.

« Sans doute possible le fusil est spécifique, et il ne peut pas être utilisé pour un autre projectile. À air comprimé, il nécessite l'utilisation d'une cartouche pressurisée à 20 bars. Théoriquement, il est utilisé pour administrer un somnifère aux animaux très dangereux. »

Volontairement, Grégoire ne poussa pas plus loin l'interrogatoire.

Pour l'instant, l'état de Julien était stable. Le pouls était un peu rapide et la pression sanguine élevée, mais sans connaitre les valeurs de référence du patient en état normal, impossible d'émettre des hypothèses. D'ici un petit quart d'heure, le véhicule du SMUR sera là avec l'ambulance des pompiers. Grégoire posta deux de ses gars pour orienter les secours et contenir les chiens si besoin.

SMUR, pompiers, Julien fut pris en charge et transporté à l'hôpital de Tulle. Une prise de sang avait été faite pour rechercher la nature du produit injecté, et le véhicule du SMUR partit avec sirène et gyrophare afin d'avoir les résultats le plus vite possible. Les parents de Grégoire rejoindront Julien à l'hôpital.

À peine le convoi parti, Grégoire demandait à Anna et Gérald de le suivre. Anna se retrouva dans un des salons, tandis que Gérald fut cantonné dans la cuisine. Comme tout le monde le supposait, voici venu le temps de se poser plein de questions.

« Anna, comme j'ai horreur des interrogatoires, je vais vous la faire brève. Personne d'extérieur n'est intervenu, aussi, je suis quasi certain que c'est vous, Gérald, ou les deux ensemble qui avaient injecté une substance à Julien et certainement vous aussi qui avez donné les points de situations lors de l'attaque.

– Oui, le raisonnement est logique. D'ailleurs, j'ai fait le même que vous.

– Et ?

– Et interrogez Gérald, vous gagnerez peut-être du temps, même si je vous avoue avoir beaucoup de mal à croire qu'il ait fait ça. En bref, ce n'est pas moi. »

Dans les oreilles de Grégoire, le fond des paroles d'Anna sonnait juste. Il ne mettrait pas sa main à couper qu'elle ne mentait pas, mais pas loin. Arrivé devant Gérald, il répéta son analyse et attendit sa réaction.

« Ouais, c'est correct, mais ce n'est pas juste puisqu'il y a une erreur quelque part. Ce n'est pas Anna pour tout un tas de raison, mais surtout, parce que je m'en serais rendu compte. Le problème c'est que ce n'est pas moi non plus, même si logiquement ça devrait l'être. En effet, il n'est pas nécessaire d'avoir un fusil pour injecter le produit, il suffit de le faire avec la main genre bonne tape sur l'épaule. Seulement voilà, si ce n'est pas moi qui est-ce ? Un de vos gars ? Là encore il est possible de trouver une logique, à moins que ce soit un des trois restants : Elena, John ou vous.

– Voilà ce que j'appelle gagner du temps.

– Je ne fais que citer les possibilités.

– OK, mais dans vos possibilités, celle de pouvoir acquérir le produit et de pouvoir l'injecter ne vient pas vous chatouiller le ciboulot ?

– Je ne suis pas certain d'avoir compris tout ce que vous avez dit, mais selon la nature du produit, il était possible de l'injecter avant que nous soyons occupés avec l'intervention sur le cheval. Peut-être qu'en réfléchissant encore un peu, nous pouvons aussi trouver d'autres hypothèses tout aussi crédibles.

– Oui, c'est certain. Mais ce qui nous intéresse, c'est ce qui s'est réellement passé ici, il y a moins d'une heure.

– Tout ce dont je suis certain, c'est que ce n'est ni Anna ni moi.

– Vous voyez, pour Anna, je suis d'accord avec vous. Mais en ce qui vous concerne, je ne suis pas convaincu.

– Dommage, vous perdez du temps.

– C'est toujours lui qui décide de tout, et ceux qui pensent ne pas le perdre ou en gagner se trompent lourdement. »

Libérée, Anna rejoint Elena et John.

« Que pensez-vous de tout ça ?

– J'en pense que cela commence à me courir sérieusement sur le haricot. De toute façon ma décision est prise. Je veux bien faire confiance à tous ceux qui m'affirment qu'il faut que je me déclare au dernier moment, mais tout ce que je constate c'est qu'attendre fout de plus en plus de bordel.

– Ton délai expire dans 75 heures, et si avant même d'arriver dans ce trou du cul du monde, tout le monde est au courant de tout, je ne vois pas quel intérêt tu as à attendre encore.

– Le seul est de laisser du temps au commissaire Fontaine.

– OK, et de combien de vies a-t-il encore besoin ?

– Anna ! C'est quelqu'un de bien dans sa tête, il fait ce qu'il peut.

– Ok, mais s'il torture mon Gérald, tu peux être sûr que ton Fontaine va le regretter. »

Chapitre 15

Malgré la gravité de la situation, Nikos avait presque envie d'en rigoler. « *D'accord, ses trois pseudo guerriers, certainement meilleurs bucherons que combattants, n'avaient pas suffisamment bousculé John Delatour pour le pousser à prendre sa décision rapidement. À moins qu'il ait décidé de suivre les directives d'Interpol et des autres inters n'importe quoi, ce qui n'aurait rien d'étonnant. Mais dans ce cas, ses tueurs, les vrais, allaient devoir se bouger les fesses si le fameux John décidait au dernier moment de se la jouer : "je reste seul dans mon p'tit coin". Bon, par contre, la sensation d'être constamment épié devait s'être maintenant bien installée. Pépé Julien va rester 48h à l'hosto, le capitaine de Gasc va s'arracher les cheveux à force de chercher qui a bien pu le trahir, et vu son caractère, Anna devrait rapidement péter les plombs... tout pour pousser notre John préféré à choisir sans attendre que la dernière minute se soit écoulée. De mon côté, bouger tous les jours, voire, plusieurs fois par jour, ne me dérange pas plus que ça. Après les premiers sauts de puces, on se plie assez facilement à ce mode de vie. Puis, avec le temps, c'est avec plaisir que l'on visite le monde tel un feu follet. Une chose est certaine, vivre ainsi nécessite d'avoir d'importants moyens financiers disponibles à tout moment. Bon, heureusement pour moi, de ce côté-là, je n'ai et n'aurai aucun problème jusqu'à l'heure où le mot fin s'affichera sur l'écran. Car soyons sérieux, ce ne sont pas les guerres civiles et les autres affrontements du même genre qui feront baisser les intérêts de mes investissements dans l'armement* ».

Virtuellement attablé, le ClubD6 se demandait si l'attitude de Nikos était inquiétante. Il virevoltait tel un farfadet, mais sans jamais générer une erreur ou un oubli. Numéro trois pensait qu'il préparait son avenir. Numéro cinq qu'il se rendait invisible pour ses tueurs. Quant à numéro deux, il pensait qu'il cherchait à piéger le Club. Les autres ne s'attardaient pas à ce qu'il faisait, mais pensaient qu'il fallait mobiliser son remplaçant et se séparer de Nikos avec pardon. Pourquoi ? Tout simplement parce qu'il avait bien servi, mais qu'il devenait un danger potentiel trop important. Le vote qui s'ensuivit ordonna la nomination de mademoiselle Lyudmila au poste de directrice opérationnelle avec, comme première action, l'élimination de l'ancien directeur.

D'origine slave, personne ne connait sa généalogie, pas même elle. D'ailleurs, elle affiche clairement son désintérêt pour la chose. Elle est du genre remarquable, et si vous cherchez à faire sa connaissance, vous apprenez rapidement que rares sont les humains capables d'attirer favorablement son attention. D'ailleurs, les exceptions qui sont parvenues à entretenir une relation presque intime avec elle n'ont jamais pu pour autant accéder à un plaisir corporel. Aucun homme ni aucune femme n'y est jamais parvenu. D'ailleurs, si cette question venait dans une discussion, elle affichait sa virginité comme étant un joyau a priori inatteignable. Le seul langage corporel qu'elle apprécie particulièrement est celui du combat, sous toutes ses formes et en usant de toutes les techniques. Vaincre un adversaire lui procure un vrai plaisir. Il se dit même que c'est de cette façon qu'elle prend son plaisir... mais cela n'a jamais pu être vérifié.

Experte dans tous les arts de donner la mort, ses capacités ont été rapidement repérées par l'explorateur du ClubD6. Il l'avait remarqué alors qu'elle n'avait pas quinze ans, mais qu'elle tuait déjà ses cibles avec une grande maîtrise. Il l'avait embauché et terminé sa formation qui dura cinq ans. Après de nombreuses vérifications sur ses facultés d'adaptation en situations complètement loufoques, elle montrait maintenant qu'elle était apte à diriger des équipes réputées difficiles sur le terrain.

LE LIBRE-ARBITRE

Lyudmila regardait avec curiosité les statistiques du dénommé Marcus et se surprit à le trouver intéressant. Doté d'un physique plus que banal, le petit grassouillet qu'il est ne peut se faire repérer et encore moins attirer l'attention de qui que ce soit. D'ailleurs, elle était prête à mettre une pièce sur la table qu'il était encore puceau. « Oui, très intéressant spécimen, d'autant plus qu'il est un réel incapable en combat singulier. Toutefois, malgré tous ses manques, il devance largement ceux considérés comme bons et dignes de confiance. Un cas atypique, comme elle ».

La seule difficulté qu'elle allait rencontrer dans l'élimination de l'ex-organisateur de mort était de persuader un tueur que cibler Nikos ne signifiera pas qu'il sera lui-même ciblé dans la seconde qui suivra. « *À sa place, je demanderais des garanties tout en sachant qu'elles n'existent pas* ». Concrètement, un tueur qui suppose devenir une cible embauche un autre tueur, de préférence ami, pour supprimer celui qui sera payé pour lui faire la peau. C'est un principe très classique, mais toujours d'actualité. Le seul moyen pour compenser cette logique, qui dans ce cas ne sera pas, est de rencontrer physiquement le tueur. En effet, cette action est généralement contre nature lorsque le commanditaire et le tueur ne se connaissent pas de longue date. « *Allez Marcus, allons manger un bon petit quelque chose ensemble et discutons franc-jeu* ».

Lorsqu'il reçut l'invitation de Lyudmila par téléphone, et qui plus est par sa voix non déguisée, il se dit que le ciel risquait de s'assombrir très rapidement. Bien sûr, il accepta, mais avait-il une autre possibilité ? Il se demanda aussi s'il devait alerter Nikos, mais en effleurant cette idée, son cerveau fit immédiatement machine arrière et regretta presque d'y avoir même pensé.

Il ne la connaissait que de nom, un peu comme une légende, et il n'avait jamais éprouvé le désir de savoir si les performances qui l'avaient rendue célèbre étaient vraies. Dans la série, éviter d'être mis en lumière permet de ne pas être inquiet sur ce qu'il est bon de faire et ne pas faire, voilà sa devise. Seulement voilà, aujourd'hui, la mythique gamine tueuse hors pair l'invitait à sa table. Beaucoup de questions s'entrechoquaient et il n'arrivait pas à les chasser... des fleurs, il faut qu'il lui offre des fleurs ! « *C'est ça Marcus, tu te pointes dans un resto hyper huppé avec un bouquet à la main plus gros que ta tête, sans savoir si elle aime ces fleurs ni même les fleurs. S'il se permettait de suivre son instinct, il lui offrirait plutôt une arme de collection... tiens ! Finalement, c'est peut-être ça la solution* ».

Marcus arriva au restaurant, une magnifique boite entre les mains. Le chef de salle l'accueillit, comme si c'était un habitué, et lui proposa de poser son cadeau sur un plat qu'un serveur portera pour lui. Voilà qui le soulagea un peu, il avait horreur de ne pas avoir les mains libres. Il suivit son sauveur et se retrouva dans un petit salon intime où mademoiselle Lyudmila semblait déguster, avec un plaisir non dissimulé, un verre de vin blanc. Elle se leva, et dans ce geste Marcus repéra une fluidité des mouvements comme jamais il n'en avait vu auparavant.

Elle le salua d'un mouvement de tête et l'invita à s'assoir, en lui conseillant de gouter à ce délicieux vin blanc. Il faillit lui avouer qu'il préférait le coca, mais n'osa pas le dire, tout en retenant difficilement un rire naissant en imaginant la gueule du chef de salle.

« Oui, je sais, vous, c'est le coca. Mais faites-moi confiance, il sort vraiment de l'ordinaire. »

Marcus sentit l'effet crime de lèse-majesté chez le chef de salle, le serveur encore encombré du cadeau qui, voulant se cacher, se retournait à moitié... et il se dit qu'il suffirait d'un léger petit quelque chose hors contexte pour qu'un putain de fou-rire s'impose. Lyudmila fit signe au serveur d'apporter l'offrande, alors que je la suppliais intérieurement de ne pas sortir l'arme de sa boite. Bien sûr, elle la sortit et brandit le magnifique Beretta avec un cri de plaisir qui s'apparentait plus à celui d'une profonde jouissance.

Celui qui jusqu'à cette seconde couvait, proposa à la cantonade quelques secondes de surprise, histoire de bien marquer l'instant qui restera dans les annales de ce trois étoiles comme étant le plus fabuleux fou-rire de la dernière décennie, puis, il libéra enfin tout ce petit monde en commençant par Lyudmila. Ses yeux slaves se firent ronds comme des billes, sa bouche resta à moitié ouverte... elle prenait conscience de l'affichage qu'elle venait d'offrir aux personnes présentes. C'est à cet instant qu'elle explosa sans chercher à se retenir.

Marcus la suivait et riait sans peur, à gorge déployée. Le serveur se sauva en courant, le chef de salle, voulant se retenir encore, et encore plus, en vint à ne plus pouvoir contenir la pression qu'il avait dans le gosier et explosa littéralement en éclaboussant la table de salive. Quant à la belle Lyudmila, car il fallait bien reconnaitre qu'elle était au moins aussi belle que dangereuse, elle se laissa emporter par cette anomalie et s'affala sur sa très confortable chaise, pour, en quelques secondes, pleurer autant qu'elle rigolait. Bien sûr, dans ces cas-là, il faut se méfier comme de la peste de la grosse bévue, celle qui, lorsqu'épuisé nous pensons que le gros de la crise est passé, va relancer la machine qui va nous tordre les boyaux. C'est sa charmante hôte qui, bien involontairement, en fut à l'origine. Elle voulut essuyer une larme qui dévalait sa joue rosie et qui, voulant le faire de la main, oublia que celle-ci tenait le Beretta. Elle voulut l'utiliser comme d'un mouchoir, ce qui bien sûr ne fonctionna pas bien (je vous laisse imaginer la suite...)

Il leur fallut plusieurs minutes pour se remettre de cet épisode et lorsque la discussion redevint banale pour des tueurs, ils ne purent éviter de sourire convulsivement en se remémorant la scène. Une fois le sujet épineux de l'assassinat de Nikos traité avec rigueur et sérieux, comme il se devait, et qu'il fut décidé de faire en sorte qu'il ne se rendrait compte de rien puisqu'il n'était que la victime d'un engrenage dont il n'était pas responsable... Une fois la certitude que le tueur qui allait l'occire ne subirait pas, lui-aussi le même sort, Lyudmila aborda le sujet de leur incapacité à vivre comme les autres dans le même monde. Était-ce le fait de tuer sur ordre, sans même connaitre les raisons qui causeront ces morts, un défaut d'empathie qui les positionnait en dehors des règles humanistes ou au contraire, était-ce une vision juste et vraie de la nature humaine, animal qui, en toute honnêteté, ne méritait pas que l'on s'inquiète plus que ça de son devenir ?

Au dessert, alors que Marcus pensait pouvoir déguster sereinement les fraises qu'ils avaient dans leurs assiettes, elle se hasarda sur un sujet encore plus épineux : le contact physique hors la notion de combat. Il en resta quelques secondes la cuillère levée et la bouche ouverte.

« Comment ressens-tu une caresse ? Comme une gêne, un dégout, une douleur ?

– Plutôt comme un mélange plus complexe, car l'envie d'être caressé est présente, mais elle est perturbée par la gêne, puis le dégout vient s'imposer... un peu comme une excuse, comme pour justifier qu'en réalité, rien ne doit se produire.

– Ouais, finalement, tu es un peu comme moi... pas disposé du tout à perdre ton pucelage.

– Franchement ? Non, mais alors non de chez non... même pas de force.

– Pourquoi, tu n'es pas un trans ?

– Non ! Et toi ?

– Ben non... Oh la bande d'abrutis de première ! Désolé mon petit Marcus, mais il faut que j'y aille. Avant tout, sache que ton cadeau m'a vraiment fait plaisir, il m'en a donné aussi, et je te promets de ne pas m'en servir comme mouchoir quand il sera chargé. Je voulais aussi te remercier pour ta compagnie, car je crois bien... non je déconne, je suis sûre que c'est la première fois que je m'amuse autant. Ha ! Un dernier truc qui ne devrait pas trop t'étonner, je ne supporte pas les remerciements... et la der des ders, on évite de sortir ensemble du resto, car en voulant laisser l'autre passer en premier on risquerait de se toucher, et ça, ce serait dommage.

– D'accord... à un de ces jours ! »

Elle lui fit un petit geste de la main et sortit du salon. Un grand sourire ornait son visage.

Lorsque Marcus rangea son fusil, il ressentit l'agréable sensation du devoir accompli ainsi que celle de la promesse tenue. Il savait que Nikos ne s'était rendu compte de rien.

Lorsque Lyudmila reçut le message de Marcus, elle fut surprise de ressentir quelque chose qu'elle ne connaissait pas, enfin, pas vraiment. C'était une sorte d'émoi ou quelque chose de ce genre, en tout cas, c'était un sentiment qui la gênait un peu, mais qu'elle ne rejeta pas... en réalité, qu'elle ne voulait surtout pas rejeter. Elle s'interrogea, mais c'était pour la forme, histoire de ne pas reconnaitre trop rapidement qu'elle savait parfaitement pourquoi... normal, cela lui venait de Marcus. Elle avait même failli penser « son copain Marcus », mais rougissante telle une pivoine, elle s'avoua que le terme « son chéri » était plus juste.

John ne regarda pas sa montre, il savait qu'il était à une heure de la fin du délai. Il prit son téléphone, se positionna sous la vidéo du ClubD6, là où se trouvaient les deux cases « OUI » et « NON », et cliqua sur le OUI. Deux secondes plus tard, son téléphone sonnait :
« Monsieur John Delatour. Dans une heure, un livreur se présentera au portail et vous donnera un colis... ce sont vos équipements de communication. Installez-les, mettez-les en service et, dans trois heures de là, vous participerez à votre première réunion virtuelle. Si vous rencontrez une difficulté, rappelez ce numéro. »
« *Voilà, les dés sont jetés. Faire ce choix, c'est non seulement mieux protéger ma famille, mais c'est aussi pouvoir agir directement sur les actuels décideurs. Maintenant, il faut que, sans délai, celui qui dorénavant doit se nommer le*

ClubD7 réoriente les gouvernances de façon à ce que les humains se prennent en charge, et qu'ils agissent d'une manière responsable ».

Il savait très bien que les premiers temps seraient délicats et certainement difficiles à gérer s'ils voulaient éviter que des guerres éclatent à nouveau un peu partout, mais c'est justement ce qu'il voulait absolument empêcher.

Au premier coup d'œil, les personnes de l'ex ClubD6 avaient belle apparence, mais elles ne diffusaient rien d'extraordinaire. Aucun ne semblait doté d'un charisme débordant ou, si c'était le cas, il n'en envahissait pas le porteur. Quant aux regards, ils étaient incisifs, certes, mais pas plus. John avait pris le temps de les dévisager, l'un après l'autre. Il ne pensait pas qu'ils en furent choqués ni qu'ils avaient ressenti cette analyse sommaire comme agressive, surtout effectuée par un psy. Deux noirs Africains, deux Asiatiques, deux Européens, sa présence allait briser cette bonne répartition. Ils ne s'exprimèrent pas, preuve qu'ils me laissaient la main. John se présenta et, pour qu'ils comprennent bien l'importance qu'il lui donne, il leur fournit des détails de sa personnalité qu'ils n'avaient peut-être pas sur leur fiche. Ils étaient très attentifs. Il ne pouvait pas leur échapper qu'il attendait d'eux le même niveau d'information que celui qu'il leur offrait sans lui avoir demandé.

Il alla loin, très loin, et lorsqu'il sentit qu'il lui fallait clore son discours, il répondit à la question de fond qu'ils devaient se poser : « pourquoi avait-il fait ce choix ? » Pour mieux protéger sa famille et pouvoir agir directement « avec », et si besoin « sur » les actuels décideurs afin de garantir, autant que faire se peut, la meilleure orientation.

Aucun ne fit de commentaires, mais le premier membre à gauche, qui était une femme, prit le relais et se présenta en essayant de respecter le niveau de détail qu'il avait donné. Toutefois, elle s'arrêta avant d'aborder celui de la raison de sa présence dans le ClubD7. Tous

LE LIBRE-ARBITRE

se plièrent à honorer le mieux possible ce qui était devenu une obligation, mais comme la première, aucun n'aborda la raison de sa présence.

« Monsieur Delatour, je m'adresse à vous en tant que secrétaire et porte-parole temporaire du ClubD7. En effet, nous effectuons une rotation bimensuelle des tâches à réaliser et des postes à tenir. Le nouveau planning s'affiche devant vos yeux. Une réunion hebdomadaire est planifiée, mais en fonction des besoins, nous pouvons en tenir autant que nécessaires. Voici l'ordre du jour de celle-ci :

1) Accueil de monsieur Delatour
2) Fin de la phase 2
3) Lancement de la phase 3.

Ressentez-vous un manque ou quelque chose de désagréable dans le point 1, hors de ne pas vous avoir donné nos raisons d'avoir intégré le Club ?

– Non.

– Alors, passons à la phase 2. Pour que vous ne soyez pas perdu, la phase 1 était "générer les guerres de religion", la phase 2 est "éliminer les membres à tendance autocrate des gouvernements, les chefs de clans, de gangs, et les particularités".

La phase 3 sera : "Communication sur les nouvelles gouvernances, nomination des présidents chargés des organisations, élections des comités de citoyens et suivi". Sur votre base de téléchargement crypté, vous trouverez tous les documents que nous avons validés. Bien sûr, nous ne pouvons pas modifier ce qui a déjà été réalisé, mais pour les futurs à court, moyen et long terme, vous pouvez intervenir. Pour qu'une décision soit adoptée, il faut qu'elle remporte au minimum 2/3 des voix, maintenant que nous sommes 7, cela signifiera 5 voix. Vous avez compris que les abstentions ne sont pas acceptées.

Concernant la phase 2 :
      – Les membres gênants des gouvernements : réglé.
      – Les chefs de clans et de gangs : réglé à 80 %.

– Les particularités : réglé à 70 %, sachant que Lyudmila est la nouvelle directrice opérationnelle, et qu'il reste à traiter la tête du dragon de la Triade chinoise, la direction du Solntsevskaya Bratva, et les responsables de la D-Company, sachant que cette dernière opère en Inde et dans les Émirats arabes unis. Cette phase devrait être définitivement réglée sous 15 jours.

Nous pensons qu'il est préférable de terminer la phase 2 avant de lancer la communication sur la nouvelle gouvernance. En effet, sachant que les principales organisations criminelles ont des intérêts bien structurés dans toutes les entreprises ayant un rapport avec l'information, il est impératif qu'elles n'interviennent pas dans la transmission des premiers messages.

– Si leurs intérêts sont bien structurés, pourquoi couper la tête d'un directeur empêcherait le corps de poursuivre son activité pour les actionnaires ? demandais-je.

– Nous pensons qu'étêter rapidement toutes ces organisations, devrait pousser les sociétaires criminelles à trouver d'autres fontaines de profits. Cela leur prendra du temps, et plus encore, car nous les surveillerons et nous ne les laisserons pas s'exprimer librement.

– Effectivement, la gestion temporelle est primordiale dans la source de profit.

– Pas d'autres remarques et demandes ?

–...

– Alors je vais clore cette réunion en donnant nos motivations à monsieur Delatour. Nous suivons vos travaux depuis de nombreuses années, et bien que nous soyons des femmes et hommes d'affaires qui avons réussi, nous nous sommes toujours interdits d'entrer dans le cercle particulièrement vicieux du profit pour le profit. Nous pouvons nous qualifier de "riches", mais vous ne verrez aucun d'entre nous jouer du sabre pour gravir les échelons du classement. Principe qui n'a pour intérêt que de satisfaire un ego qui possède une telle emprise sur le sujet porteur, qu'il ne sera jamais assouvi même s'il parvient en tête de liste. Et puis, quel avenir a-t-on à être le premier, sinon de perdre un jour sa place ? Dans le même ordre d'idée, engranger des profits dans le but d'en avoir toujours plus ne nous intéresse pas non plus. Une grosse part de nos bénéfices est systématiquement réinvestie dans la recherche au sens large, et pas dans l'objectif caché de réaliser de nouveaux profits. Nous sommes convaincus que le monde humain, tel qu'il est organisé, n'est pas viable dans le temps. Mais en faire le constat sans chercher à réparer ce qui dysfonctionne ne sert à rien, sauf à se satisfaire d'une bonne masturbation intellectuelle. Vous l'avez compris, nous avons décidé d'agir. Avons-nous choisi la meilleure solution ? Franchement, seul l'avenir nous le dira. Allons-nous être trucidés sur la place publique ? Nous sommes tout aussi incapables de répondre à cette question. Au nom de qui réalisons-nous des choses horribles ? Au nom du futur, au nom de nos descendants, de nos enfants, de nos petits-enfants, et plus si possible... alors qu'aujourd'hui, la servitude que l'humain impose à l'environnement, et aux autres êtres, n'a pour objectif que d'essayer de contenter les envies de quelques-uns. Ne rien faire va-t-il le mener à sa perte ? Certainement, car pour l'instant nous sommes dans le "Après nous le déluge !" Eh bien, nous refusons cet état de fait. Notre acte est un refus de ce qui est considéré par beaucoup comme une fatalité. Non refusons de subir sans agir. Fallait-il vous intégrer plus tôt dans le projet, et notamment dès que nous en avons lancé l'idée ? Désolé, mais nous avons l'habitude d'agir sans attendre, même si une intention n'est pas formalisée avec plus de 70 % de chance de réussite... ce qui est rarement le cas des chercheurs et des analystes. D'ailleurs, avant de nous lancer, nous nous sommes posé cette question : quel philosophe est encore capable, partant d'un problème constaté, d'analyser, d'émettre une hypothèse, de la critiquer, de la retravailler, et en fin de cycle de la réaliser... sans oublier de suivre son évolution dans le temps ? Aucun sauf vous par l'élaboration de votre nouvelle gouvernance.

LE LIBRE-ARBITRE

Voilà, nous pensons avoir répondu dans les grandes lignes à votre question. »

Ce soir-là, tous ceux qui n'étaient pas de garde se réunirent autour du feu de bois qui crépitait dans la magnifique cheminée de Julien. Comme tout bon feu digne d'Hestia, nous sentions la chaleur des flammes nous tanner le cuir sur le devant, et le gilet que nous portions sur les épaules ne nous réchauffait en rien de suffisant le dos. Les parents de Grégoire étaient eux aussi de la fête. Julien, en grande partie remis, mais regimbé à l'idée que quelqu'un avait voulu l'envoyer ad patres, savait que le temps risquait de se jouer de lui. Sans faiblir, celui dont il disposait allait lui permettre de chercher l'assassin, mais coquin par nature et sans autre raison précise, il allait peut-être l'empêcher de finaliser sa recherche, et qui sait, ne pas lui laisser la possibilité de quitter ce monde serein et vengé. Car ce fervent adepte de l'adage : « Une dent, la mâchoire ; un œil, toute la gueule » se vengera, et c'est certain, il le tuera. Tout ce qu'il ne savait pas pour l'instant, c'est ce qu'il lui fera avant de le laisser partir. Il n'était ni méchant ni pourri dans sa tête, mais il trouvait simplement que la justice humaine était tout sauf juste. Alors, aucune raison de faire semblant. Cela faisait belle lurette qu'il appliquait sa propre méthode, et quoi qu'en pense les autres, compris les forces de police, il s'en trouvait mieux... en tout cas moins coléreux, moins anti tout le monde.

L'ambiance était un peu bizarre. Les animaux étaient tranquillisés, et les humains se sentaient apaisés... pour autant, ils n'étaient pas sereins.

Chapitre 16

Après sa première participation aux réunions du ClubD7, John appela le commissaire Fontaine pour l'informer de sa prise de position. De son côté, il lui déclara avoir reçu d'Interpol que le fameux Nikos était mort, ainsi qu'un grand nombre de chefs de gangs partout sur la planète. Cela correspondait bien avec l'annonce faite par le Club sur la phase 2. Par contre, l'inquiétude des membres des gouvernements grandissait de jour en jour. Rien ne laissait supposer que la situation pouvait s'améliorer et, un peu partout dans le monde, la pénurie de nourriture était là et son prix avait atteint un niveau tel que seul le troc semblait permettre de ne pas mourir de faim. La peur de manquer était bien là, et pas seulement ancrée dans les esprits. Les entreprises de production alimentaire fonctionnaient encore, mais uniquement parce qu'elles avaient eu l'intelligence de proposer à leurs employés de les payer pour partie en denrées.

« Se nourrir et assurer sa sécurité, voici les seules choses qui importaient aux gens. En bref, nous étions revenus aux fondamentaux. Adieu les jeux vidéo qui occupaient les journées des geeks avachis sur le canapé... aujourd'hui, c'est la course à la nourriture, la vraie, et si nous perdons, nous n'aurons pas une deuxième vie. Les pays les plus peuplés sont, bien sûr, les plus rapidement touchés. Mais d'autres phénomènes viennent nous rappeler que contrairement à ce que nous voulions, et à ce qui nous arrangeait bien, l'immédiateté n'est pas la panacée. En effet, notre magnifique j'm'en-foutisme en matière d'environnement durant plus d'une centaine d'années, nous impose aujourd'hui d'en payer les conséquences. Avant que notre survie dépende de quelques boites bien cachées à la cave, d'un kilo de riz payé au prix de l'or, du sacrifice de son animal de compagnie, lorsqu'une catastrophe dite naturelle venait à nous frapper, c'était cataclysmique, certes, mais nous pouvions nous mobiliser pour venir en aide aux victimes. Aujourd'hui, non seulement c'est un soulagement de ne pas être sur la liste des victimes, mais c'est aussi la chance de pouvoir accéder à plus de nourriture, de pouvoir moins partager, de pouvoir répartir nos chères denrées sur moins de têtes affamées. Seuls les plus forts survivront ? Non, pas nécessairement, car être fort sans être opportuniste, voire sans être capable de tuer de sang-froid, ce n'est pas avoir l'assurance de survivre. Nous regrettions que l'être humain soit égocentrique, mais depuis que sa survie dépend de sa capacité à s'imposer sur les autres, le plus souvent ce sont ignominie et violence associées qui l'emportent.

Il est temps, grand temps de donner de l'espoir, oui, il est temps de ressusciter la confiance en soi. Mais en première urgence, permettre à l'humain de se nourrir s'impose. Est-ce que le Club a pensé que les volontés de l'esprit ne remplissent pas les estomacs ? C'est la question que je vais lui poser immédiatement ».

La demande urgente de réunion fut satisfaite en moins d'une heure, et la question de l'alimentation fut directement évoquée.

« Nous y avons pensé. Sommes-nous capables de subvenir à tous les besoins ? Franchement, nous ne le savons pas. Mais ce dont nous sommes sûrs, c'est que les entrepôts que nous avons construits, entretenus et gardés en sécurité sont emplis de denrées prêtes à être consommées, ainsi que de graines et plants qui dans trois mois fourniront aussi des aliments. Nous avons aussi d'autres réserves en graines destinées à compenser jusqu'à trois mauvaises récoltes successives. Ces stocks existent dans chacun des pays, répartis sur les territoires tous les 200 kilomètres. Les quantités ont été calculées sur la base de 80 % des habitants de chaque pays. La sécurité de ces stocks à haut risque de vandalisme est assurée par une armée privée... la nôtre. Seul moyen de gérer le mieux possible cette gageure.

– Je vous avoue être un peu étonné qu'à vous six vous ayez les moyens suffisants pour financer tout ça.

– Même si nos finances sont loin d'être négligeables, il est certain qu'elles ne pouvaient pas être suffisantes. Par contre, depuis plus de dix ans nous avons créé une banque et ses succursales dans chaque pays. Ce sont elles qui sont propriétaires des stocks et des bâtiments. Les bénéfices générés par ces banques ne servent qu'à ça. Concrètement, ce sont des banques mondiales de ressources en alimentation financées par l'argent des habitants. Les membres de l'ancien ClubD6 procurent les fonds de gestion des personnels de cette armée.

– À combien de jours sommes-nous du lancement de la phase 3 ?

– 5 jours, sauf aléa majeur. »

Marcus ne savait pas trop comment dire à Lyudmila que ce qu'il se passait entre eux lui convenait parfaitement, et qu'il ne désirait pas que leur relation franchisse le cap fatidique du contact physique. Il l'aimait bien et honnêtement, plus que ça, mais l'amour platonique qu'ils vivaient le rendait pleinement heureux, et il ne voulait le changer en rien. Elle semblait être en accord avec lui, mais jusqu'à quel point ?

Cette question posée, il appuya sur la détente. Il était toujours surpris de pouvoir être aussi délicat avec une mécanique qui, pourtant, nécessite plus qu'être effleurée. L'explosion projeta le petit obus métallique dans le tube du fusil et ses rainures lui donnèrent la rotation suffisante pour pénétrer l'air sans être perturbée par ses fluctuations, enfin, pas trop. Après une course de 800 mètres, elle amorça sa descente. C'était à ce moment que les mouvements d'air pouvaient avoir une réelle influence sur la précision du tir. Le dirigeant de la D-

Company des Émirats arabes unis dégustait tranquillement une boisson fraiche, assis sur un confortable fauteuil positionné sur le bord de la piscine. Le parasol était relevé de façon à bien le protéger du soleil couchant qui, à cette heure-là, pouvait encore brûler la peau en quelques minutes. La balle pénétra le haut du front et, sous l'effet de la puissance descendante, emporta avec elle une bonne partie du crâne. Elle réduisit en bouillie tout ce qui se trouvait sur son passage. Puis, après avoir fait son travail, elle ressortit et se figea dans le bois du fauteuil. Avant d'entendre la détonation, la charmante jeune fille qui l'accompagnait vit la scène avec surprise... l'horreur allait bientôt suivre ce préalable.

Dans le même temps...

Avec ses jumelles, Arun regardait le dirigeant de la D-Compagny de l'Inde honorer mollement la jeune fille qui s'offrait à lui. Elle est jeune, même très jeune, pas treize ans. Lui est vieux, et même très vieux, pas moins de 80 ans. Il se dit qu'il fallait attendre, que la pauvre petite risquait d'en être perturbée pour le restant de ses jours, mais le vieux trainait et rien n'indiquait qu'il était prêt à conclure son exercice. En soufflant de dépit, Arun pensa qu'il ne pouvait plus patienter. « *Dans cinq minutes, ce sera la relève de la garde et ses soldats sont toujours parfaitement à l'heure* ».

À ce moment-là, le vieux changea de position et se mit debout, derrière la fille. « *Merci pourriture, ce sera peut-être la meilleure action de ta vie, même si tu ne seras jamais conscient de l'horreur que tu auras évitée à cette jeune fille. Une balle en plein cœur devrait éviter que des débris la souillent* ». Il prit son temps et lorsqu'il appuya sur la détente, il sut qu'il avait fait le mieux possible. La balle pénétra parfaitement le cœur. Il fut projeté en arrière et n'eut que le temps de se rendre compte qu'il allait mourir. La fille crut d'abord qu'il faisait encore un de ces trucs tordus pour parvenir à se soulager, mais comme il ne se passait plus rien, elle se retourna et le vit sur le sol, les yeux révulsés et un joli trou en plein cœur. Sa première réaction fut de penser que c'était bien fait pour sa gueule... puis elle s'inquiéta de ce qui risquait de lui arriver. Elle regarda dans la direction où devait se trouver le tueur, fit un petit coucou de la main, et enfin cria en prenant un air affolé.

Par contre, ce soir, la mort de l'oligarque russe ne sera pas d'actualité.

Sigmund, le numéro trois dans l'ordre des capacités des tueurs, vit sa cible le fixer en souriant alors qu'il était censé être au sol avec une balle dans la tête. Alors qu'il déguerpissait le plus vite possible, il passa en revue toutes les phases préalables au tir qu'il avait strictement respecté, mais sans parvenir à détecter l'erreur qu'il avait commis. D'accord, il était derrière une vitre, mais celle-ci n'était pas blindée. D'ailleurs, le trou fait par la balle était bien propre... « merde, un hologramme ! Il savait que je viendrais, et conformément à sa réputation de grand gamin complètement fêlé, il s'est moqué de moi. De là à supposer qu'il va pousser la blague un peu plus loin, il n'y a qu'un pas qu'avec un peu de chance il fera sans que je m'en rende compte. Mais vu le plaisir qu'il prend à faire souffrir, il vaudrait peut-être mieux que ce soit moi qui me la mette dans la tête, la balle ».

Sigmund ralentit et s'arrêta de courir sur ce toit. Il se cala contre le mur du local technique et regarda le ciel rougeoyant de cette fin d'après-midi. Sa main porta le pistolet à sa tempe et sans attendre, il appuya sur la détente. Dans ce métier, il faut savoir assumer ses responsabilités, surtout lorsque l'on se plante ou que l'on sous-estime sa cible.

À trois heures, Marcus reçut un message qui l'inquiéta :
« Appelle-moi dès que tu peux. Lyudmila ».
Il n'attendit pas, ne prit même pas le temps de se soulager la vessie avant de lancer la numérotation.

« Je t'ai réveillé... je te présente mes excuses.

– Que se passe-t-il ?

– Sigmund devait éliminer le dirigeant de la Solntsevskaya Bratva, mais il s'est passé quelque chose. Quoi ? je ne sais pas ! Toujours est-il que Sigmund a choisi de mettre fin à ses jours. Concrètement, cela signifie que l'oligarque savait qu'une organisation voulait l'éliminer. Cela signifie aussi qu'il était au courant de l'action de Sigmund, donc que nous avons une taupe.

– Oui, et qu'elle est capable de déchiffrer les messages, tous les messages de toutes les missions, compris celles archivées alors que nous n'avons pas d'archives !

– Explique-toi plus clairement s'il te plait.

– Chaque message numérique laisse une trace indélébile. Il est extrêmement difficile de repérer cette microtrace, d'autant plus que dans notre cas elle se situe à un niveau quantique. Et même si la taupe trouvait le moyen d'y parvenir, son chiffrage lui aussi quantique, ne lui permettrait pas de trouver la solution, mais une multitude de solutions possibles. Donc, la taupe à donner Sigmund ou la clef source du chiffrage. Combien valait Sigmund ? Et en comparaison, combien vaut la clef source ?

– Peut-être un million de fois la valeur de Sigmund !

– Je suis assez d'accord avec ton estimation financière, mais elle n'est pas la raison fondamentale qui fait que nous tuons les têtes des organisations. Mon analyse : nous sommes les outils d'un pouvoir qui, avant de se mettre en place, a besoin de détruire l'existant. Pour cette phase, le boulot est fait. Éliminer les têtes des organisations parasites, c'est presque fait, et ensuite, ensuite seulement, celle qui s'imposera sauveuse du monde apparaitra auréolée de gloire.

– ...

– Mes propos te paraissent complètement loufoques ?

– Justement non ! Mais la question que je me pose est : qu'est-ce qui est le plus effrayant ?

LE LIBRE-ARBITRE

– Ça, Lyudmila, nous ne le saurons qu'après ! Mais pour l'instant, une chose est certaine, quelqu'un veut faire capoter le projet. Il est évident que tu connais cent fois mieux que moi les rouages de l'organisation, aussi, puis-je me permettre de demander à la personne qui compte beaucoup, vraiment, vraiment beaucoup pour moi, de transmettre cette information à son supérieur hiérarchique et, si celui-ci dépend d'un autre, de prendre le risque de casser ouvertement la chaine de commandement en demandant que ce supérieur alerte son supérieur en ta présence. Car tu l'as déjà compris, dans le cas contraire tu risques de servir de fusible... et accessoirement, nous aussi.

– C'est ce que j'allais faire, mais avant, je voulais entendre les paroles et connaitre les pensées de mon grand amour platonique. À très bientôt... ici ou dans l'au-delà !

Une heure après, le ClubD7 se réunissait en urgence.

« Dans le cadre de l'élimination des têtes des gangs, une difficulté majeure vient d'apparaitre. Une taupe particulièrement bien placée, et capable de déchiffrer l'ensemble de nos transmissions, a cédé, au minimum, une information ou, au pire, la clef de notre système de chiffrage quantique. Concrètement, la cible qui a échappé à notre tueur est la tête de la Solntsevskaya Bratva : la plus importante et la plus cruelle organisation criminelle russe. Vous comprendrez que dans ce genre d'affrontement, vouloir négocier c'est mettre un genou à terre en attendant de se faire couper la tête. Aussi, nous allons devoir traiter ce problème en usant de la seule méthode efficace, la violence. Êtes-vous d'accord pour que nous mobilisions nos forces afin d'éliminer ces deux difficultés, c'est-à-dire, notre taupe et la Bratva ? »

Tous les membres votèrent « Oui ». Cependant, John Delatour, la voix qui désormais décidait de quel côté la balance devait pencher, fit remarquer qu'user des mêmes méthodes que cette organisation les mettait au même niveau de cruauté qu'elle, et qu'il était bon d'en avoir conscience afin de pouvoir assumer cette réalité.

« Marcus, j'ai carte blanche pour éliminer notre taupe et dans la foulée, la Bratva.
– Tu m'en vois soulagé. Nous allons peut-être y laisser notre peau, mais au moins, ce sera dans le cadre normal de nos activités.
– Oui... et nous allons aussi pouvoir lutter côte à côte !
– As-tu une idée de ce qu'il faut mettre en œuvre pour piéger la taupe ?
– Franchement, je supposais que tes connaissances en matière de sécurité industrielle pouvaient nous faire gagner beaucoup de temps... qu'en penses-tu ?
– Pas de problème. Pour tout dire, j'ai déjà commencé à échafauder un plan, j'avance encore un peu et nous faisons le point.
– Tiens ! Je ne suis pas surprise... bizarre ! »

Le commissaire Fontaine regardait un abruti avancer dans la rue, un pistolet à la main. Il braillait à destination de qui voulait l'entendre que maintenant c'était lui le chef. Dix secondes, il ne lui en donnait pas une de plus avant d'être abattu. Il compta et à neuf le coup de feu d'une arme puissante mit fin au règne du suicidant qui suppliait de recevoir une balle. Depuis que les têtes des chefs de gang tombaient, tout un tas d'imbéciles revendiquait le droit de mourir prématurément... et immanquablement, ce droit leur était accordé. Son boulot n'était pas de les sauver, mais de repérer qui parmi les candidats avait les épaules et la cervelle pour prendre le relais et devenir un danger. Généralement, ceux-là étaient connus, mais une surprise était toujours possible et il ne fallait surtout pas que ces organisations criminelles puissent revivre de leurs cendres. Depuis qu'il était affecté à temps plein à Interpol, les informations qu'il découvrait étaient pour le moins étonnantes, mais celle qu'il venait de recevoir là, à l'instant, était plutôt du genre effrayant. La Solntsevskaya Bratva se dressait bien droite dans ses bottes et défiait l'organisation qui, jusqu'à ce jour, n'avait pas rencontré de réelle résistance. Ne sachant plus à quel saint se vouer, Interpol s'en tenait à lutter contre le crime, et ce, sans chercher à savoir qui tirait les ficelles. Or, pour que le projet du ClubD7 puisse aboutir, il fallait que les organisations criminelles soient réellement mises à mal ou mieux, anéanties. Mais pour Interpol, juridiquement pensant, aucune différence entre tuer des criminels et tuer des honnêtes gens. Aussi, si cette organisation ne voulait pas être poursuivie, il fallait qu'elle soit internationalement reconnue, et surtout qu'elle possède une police de lutte contre la criminalité organisée ou au moins une armée régulière. Ce qui bien sûr ne pouvait pas être le cas, sauf à réaliser un putsch au niveau mondial. En bref, il fallait que quelqu'un prenne le risque d'annuler le pouvoir d'Interpol pour que la lutte contre les organisations criminelles soit efficace... et bien sûr, ce couillon c'était lui. Décidément, la justice humaine avait grand besoin de s'appuyer sur des principes et non des lois, ce qui lui permettra d'adapter ses fonctionnements en rapport de la constante évolution de ses besoins.

« Trois gardes armés constamment présents devant ce hangar. "Pièces d'assemblage de jouet" dit la fiche d'entreposage. Je trouve vachement sympa qu'on sécurise aussi bien les plaisirs de nos enfants... bien vus Lyudmila !

Il est joli tout plein mon lance-roquettes, et les projectiles à double étage sont des petits bijoux de technologie. Le premier perfore en faisant un gros trou, et la charge incendiaire qui suit en profite pour aller visiter l'intérieur. Comme je ne suis pas trop débile, je vais viser le bâtiment en partie basse pour faire un appel d'air et à deux mètres du bord de façon à éviter les poteaux et les éventuels contreventements. Mon PM est prêt, juste à portée de main pour éliminer le garde qui aura été bousculé par l'explosion. Comme je suis bien protégé des tirs des deux autres, selon mon humeur, je partirai en cache-cache ou je laisserai leur chef leur mettre une balle dans la tête à la raison qu'ils n'auront pas su protéger l'entrepôt. J'aime bien avoir le choix ».

Le tueur classé n° 10 épaula son lance-roquettes, visa avec application et tira. Il a toujours été étonné par la course d'une roquette, elle n'est jamais droite, mais arrive toujours pile-poil sur le point d'impact ciblé. Sans perdre une seconde, il empoigna le PM alors que par l'explosion le garde était mis au sol. Il visa, tira, et le garde perdit la vie. Puis il quitta son poste en se disant que finalement, si l'on ne veut pas mourir, le meilleur moyen c'est d'éviter d'échanger des coups de feu.

Simultanément, douze importants entrepôts de la Bratva venaient d'être détruits. Elle en avait certainement beaucoup d'autres, et mieux préservés, mais ce que proposait Marcus, c'était de lui faire mal tout en l'obligeant à materner ceux qui étaient vitaux pour elle. Par effet domino, des trous allaient apparaître dans la chaine de l'organisation, et bien sûr, pas dans la protection rapprochée de la tête. Aussi, dans les prochaines heures, ce seront les petits chefs qui seront visés. Éliminer les liaisons entre la tête et les troupes rendait toujours très difficile la transmission des informations, et encore plus d'assurer la sécurité des matières et des personnes. « À quel moment notre petite taupe va-t-elle pointer le bout de son nez ? Elle ne peut pas laisser passer toutes ces informations et constater sans bouger que, méthodiquement, nous détruisons l'arborescence de la Bratva. Viens petite taupe, décrypte encore une fois la transmission d'un de nos messages... tiens, celui supposé être le plus important *des donneurs d'ordres d'élimination, celui entre Lyudmila et son premier tueur, moi. Viens petite taupe, viens...* »

Mais après une dizaine de petits chefs éliminés, leur taupe ne bougeait toujours pas. Elle jouait gros, car la désorganisation de la Bratva progressant bien, ils allaient maintenant pouvoir taper fort, très fort, et si elle ne sonnait pas le branle-bas de combat, mettre KO cette structuration criminelle ne serait plus une utopie. Car ce n'étaient pas les succursales qu'elle possédait un peu partout dans le monde qui lui porteraient secours. D'ailleurs, une fois étêtées, ses concurrents se feront grand plaisir de les annexer à leur cheptel, et ce, sans demander d'autorisation.

Il était temps de la provoquer. Marcus griffonna un mot en quelques lignes, totalement incompréhensibles pour une personne autre que Lyudmila, et le glissa dans sa boite aux lettres. En attendant que cette affaire soit réglée, ils avaient décidé de ne plus communiquer par téléphone ni par mail, ni de chercher à se voir, mais de résider dans la même ville et de se transmettre des écrits.

Le soir même, ils étaient dix tueurs à recevoir l'ordre d'éliminer la tête de la Solntsevskaya Bratva. Marcus savait que la taupe voyait défiler les messages et, quel que soit son niveau de connaissance de leurs recherches, elle se trouvait être coincée. Si elle ne le prévenait pas, elle ne survivrait pas à la mort de la tête, car ils allaient réellement effectuer cette mission... et si elle le prévenait, il en serait informé et elle deviendra la nouvelle cible prioritaire.

« *Hum, la nuit risque d'être mouvementée !* »

Minuit et six minutes, l'ordinateur de Marcus émit des petits bips désordonnés. « *Voilà, notre taupe a choisi sa mort* ».

Ai Van Nguyen, pour l'instant, à part que c'était une femme qui, vu son nom, a des origines vietnamiennes, il n'avait jamais entendu parler d'elle. Il brisa le silence radio et appela Lyudmila.

« La taupe se nomme Ai Van Nguyen. Tu la connais ?

– Oui, mais pas plus que ça. Pour moi, c'est la tueuse n° 88. Théoriquement, elle est censée être capable de tuer lors d'un acte sexuel. Il est rare que l'on fasse appel à son talent, d'ailleurs, depuis que j'occupe le poste je ne l'ai pas mandaté et mon prédécesseur... je vérifie... non, rien depuis trois ans.

– À mon avis, si notre fichier ne connait pas ses autres capacités, c'est qu'elle ne voulait pas les dévoiler, donc, qu'elle ne s'est pas fait acheter par la Bratva, mais qu'elle est à la solde d'un service de renseignements quelconque. Moi, j'irai bien lui rendre une petite visite.

– Salop ! Il suffit que je prononce le mot sexe pour que tout à coup tu éprouves l'irrésistible besoin de vérifier par toi-même l'étendue de ses capacités.

– Lyudmila... tu blagues !

– ...

– Lyudmila ?

– Pas vraiment, dit-elle d'une toute petite voix.

– Mais enfin, tu sais très bien que je ne suis pas porté sur la chose et, si c'était le cas, il est évident que je préférerais tenter ma chance avec la seule personne que j'aime !

– Oui, je sais, mais... bon, d'accord, j'avoue... ce n'était qu'une brusque pulsion de jalousie. L'image s'est présentée à moi et, comment le dire, je t'aurais bien étranglé après avoir permis à ton système trois-pièces d'avoir gouté au plaisir de mon pied.

– Tu veux que je te dise un truc ? J'aime que tu sois jalouse.

– Et voilà, maintenant il va me la jouer SM, avec les "Oui maîtresse... oui, punis-moi..." et tout le tintouin qui va avec.

– Lyudmila !

– Quoi ? dit-elle d'un ton hargneux.

– Je veux bien discuter de tous les sujets que tu veux, durant tout le temps que tu voudras, mais pour l'instant nous avons le problème Ai Van machin a réglé. Et ne t'en déplaise, je te proposais d'aller la voir "ensemble" pour l'interroger.

– Et plus si affinité... oui, je sais... allons-y.
– Lyudmila... veux-tu bien me dire où nous devons aller ?
– Elle est là, à Paris.
– Tu l'as bloqué ?
– Ben oui ! Ce n'est pas parce que je suis jalouse que je ne fais pas mon boulot. 8 et 9 sont devant son immeuble, je passe te récupérer.
– Ben voyons... et tu as oublié de préciser le fameux : "on ne sait jamais !"
– Descends, j'arrive. »

Effectivement, moins de deux minutes plus tard son bolide arrivait. Le moteur était brûlant, et ce n'était pas le trajet jusqu'à l'immeuble d'Ai Van qui allait lui permettre de refroidir !

Arrivé sur place, un des deux tueurs leur fit signe de monter et lorsque ils entraient dans l'appartement, tous les meubles leur criaient qu'en mobiliser trois aurait été plus prudent. Madame Nguyen était assise sur une chaise, les mains et les pieds fermement ligotés.

« La police ? demande Lyudmila à un de ses hommes.
– Rien à craindre, elle est la seule locataire de l'immeuble.
– Faux ! nettoyez-moi les autres appartements ! madame est un agent d'un service de renseignements. Assurez la sécurité pendant que j'appelle des renforts, et que nous l'interrogeons. »

Elle composa un simple code sur son téléphone et dix tueurs furent immédiatement mobilisés.

« Madame Ai Van Nguyen, je pourrais prendre le temps de m'amuser avec vous, mais donner la priorité à ses plaisirs n'est pas très professionnel. Aussi, je vous offre la chance de mourir sans souffrir, c'est sympathique, non ?

Bizarrement, sa réponse en vietnamien ne semblait pas favoriser cet aspect-là des choses...

– Désolé, je ne parle pas vietnamien, par contre, le ton employé me laisse à penser que vous refusez ma proposition... c'est bien ça ?

– Je ne cause pas avec les salopes dans ton genre.
– Madame préfère les hommes ?
– Tous réunis, ils sont moins fourbes que toi, gros tas.
– OK ! Marcus va s'occuper de toi. »

Sans laisser paraître la moindre émotion, Marcus s'approcha, la bâillonna et, en guise d'entrée en matière, il lui enfonça les doigts dans les yeux suffisamment fort pour qu'elle pense qu'une seconde de plus et ses jolies amandes explosaient. Il attendit qu'elle finisse de crier pour ne plus que geindre de douleur, puis il lui ôta le bâillon.

« Choisissez, vous parlez ou je continue.
– Pourriture, si tu étais avec moi au lit... »

Elle ne put finir sa phrase, la serviette plongée profond dans sa bouche ne le lui permit pas, et sans que son visage soit plus expressif, Marcus reprit la conversation avec ses doigts. Comme avant ce traitement, elle avait de beaux yeux en amande dont elle devait être fière, il sentit qu'il fallait qu'il insiste sur ce qui, d'ici peu, ne sera plus que des paupières vides de matières. Il appuya à nouveau, et deux secondes plus tard elle tapait des pieds et brusquement s'avachit.

« Perte de connaissance, le cerveau refuse de supporter cette douleur. Je vais attendre une petite minute, puis je la réveille. »

Lyudmila ne demanda pas comment il allait faire. Elle se sentait rassurée, son homme n'était pas du genre doux et délicat avec les jolies femmes qu'il fallait faire parler.

Pendant cette minute, ils entendirent des bruits reconnaissables entre tous, preuve qu'ils étaient maintenant les seuls occupants du bâtiment.

La minute passée, Marcus lui prit le petit doigt et enfonça l'ongle de son pouce juste sur la peau qui se trouve à la naissance de l'ongle... effet garanti. Elle sursauta, ouvrit les yeux et les referma immédiatement en gémissant.

« Madame Ai Van Nguyen, je continue à m'activer sur vos yeux ou nous engageons une franche discussion ? Pour information, les hommes du troisième étage qui devaient attendre votre ordre d'intervention ne sont plus que des cadavres. Alors, quelle est votre décision ?

– OK... ok... allons-y.

– À part pour Lyudmila, pour qui travaillez-vous ?

– L'antiterrorisme.

– Quel pays ?

– La Suisse.

– Pourquoi ?

– L'argent.

– Aucune conviction associée à cet argent ?

– Cela fait longtemps que je n'en ai plus.

– Longtemps ? Vous n'avez que 25 ans !

– Violée par mon père à 8 ans, puis vendue pour alimenter en chair fraiche le marché de la prostitution jusqu'à ce que je tue mon premier homme au lit à l'âge de douze ans.

– OK, cela fait quelques années... Lyudmila, as-tu d'autres questions à lui poser ?

– Les cadavres du troisième ne sont pas tous Suisses, pourquoi ?

– Sûrement parce que nous sommes en France et qu'il y a toujours eu des Français avec les Suisses. Tout ce que je sais, c'est que ce sont les Suisses qui me paient, et que c'est à eux que je rends compte.

– OK, rien d'autre pour moi. »

Sans attendre une seconde de plus, Marcus sortit son Beretta déjà muni d'un silencieux et lui tira une balle dans la tempe.

« Et maintenant ?

– Je fais remonter l'info. Je n'aime pas les associations qui, quoi qu'on en pense à première vue, sont toujours contre nature. »

Elle prit son téléphone et composa un code, dans l'instant la mission concernant la Bratva était annulée.

« Opération terminée. Un conseil : restez sur vos gardes. »

LE LIBRE-ARBITRE

Une fois dans la voiture, elle fixa Marcus. Des larmes apparurent et dévalèrent les pentes slaves de son visage. Elle s'excusa, s'excusa encore, se traita de conne... et après un long silence qui lui permit de retrouver en partie ses esprits, elle lui demanda de rester chez elle... enfin, s'il voulait toujours d'elle.

Chapitre 17

« Mesdames et messieurs, cette réunion pour vous informer que les services dits antiterroristes français et suisses se sont alliés pour surveiller nos activités. En soi, cela n'a rien d'extraordinaire, mais ce qui l'est plus, c'est qu'ils fournissent des renseignements aux organisations mafieuses, et notamment à la Bratva. Je précise que ce n'est pas une supposition, mais une certitude. Cela signifie aussi que, tant que nous n'aurons pas éradiqué l'implication des gangs dans les opérations de basses œuvres des structures officielles, nous ne pourrons pas progresser. Bien sûr, nous pouvons régler le problème d'une manière technique, c'est-à-dire en supprimant purement et simplement ces gangs. Ce sera long et extrêmement coûteux, mais surtout cela nécessitera d'éliminer aussi les fonctionnaires qui ont un intérêt personnel ou une activité pseudo-normale avec eux. Or, cela ne correspondra pas à la logique et l'éthique que nous nous sommes fixées initialement. En conséquence, je vous propose que chacun présente un ou plusieurs projets. Bien sûr, nous ne voterons que lorsque nous sentirons que nous n'aurons plus d'autres suggestions à faire. La seule chose qui nous oblige, c'est de travailler rapidement. Avez-vous des questions ? »

Comme personne ne répondit, la réunion fut close.

D'expérience, John ne se sentait pas trop gêné à l'idée d'être obligé de supprimer les fonctionnaires véreux au même titre que les mafieux, car finalement, ils effectuaient les mêmes abominations pour les mêmes raisons. Mais concernant ceux qui avaient cru que se servir des gangs pour effectuer les opérations délicates, cela n'était pas aussi évident. Une partie d'entre eux était peut-être des mafiosi déguisés, mais une autre pouvait et devait certainement penser que cette solution était acceptable par la communauté. Finalement, qui pleurera un pourri éliminé par un tout aussi pourri que lui ? Mais il était certain qu'entrer volontairement dans un cadre aussi pernicieux risquait de s'attirer les pires des ennuis, ce qui revenait à accepter que la mort soit au bout du chemin. « *Finalement, non, cet aspect-là des choses ne me gêne pas plus que le précédent. En revanche, s'il est une évidence qui s'est toujours vérifiée, c'est que lorsqu'une place se libère, elle est immédiatement occupée, et encore plus rapidement que ça. Aussi, je crains bien qu'un gang décimé ne le soit pas pour très longtemps. Et s'il est une certitude encore plus hurlante de vérité, c'est que les nouveaux venus auront besoin de faire leurs preuves, donc de s'imposer par la terreur, ce qui n'était plus le cas des précédents. Pour autant, ne rien faire serait encore pire. Donc pour moi, décimer les gangs, oui, mais en anticipant la nouvelle organisation et en portant au pouvoir les nouvelles têtes dirigeantes. Ce ne sera pas un gage de loyauté, en tout cas pas à 100 %, mais à défaut de l'être intellectuellement, ce sera acceptable ou au moins supportable dans le cadre de la vie courante. De toute façon, chercher la perfection est inutile, car de tout temps et pour tout, elle n'existe pas* ».

A ce moment-là, une question lui taraudait encore l'esprit. « Dans quelle mesure les gouvernements et les gangs mafieux sont-ils pieds et mains liés ? Ne sommes-nous pas dans le cadre d'une économie parallèle, comme l'est la drogue pour les pauvres bougres qui n'arrivaient pas à faire vivre leur famille avant d'accepter le risque de mourir, le ventre plein, alors que la certitude précédente était de mourir le ventre vide ? Maintenant, si l'étiquette "Drogue" met leur famille à l'abri du besoin, il est compréhensible que, pour eux, le choix du diable soit le moins mauvais. Concrètement, les populations fragiles laissées dans la survie acceptent immédiatement la solution qui leur permet de vivre... et que cette solution soit de courte durée ou immorale n'y change rien ».

Il appelait le commissaire Fontaine, peut-être avait-il une vision des choses différente de la mienne.

« Alors commissaire, arrivez-vous à vous sortir de cet imbroglio ?

– Je crois qu'aujourd'hui, la seule vraie question qui nécessite d'avoir une réponse rapide et sûre est : quel choix le ClubD7 va faire ?

– Désolé, il est encore trop tôt pour le savoir. Pour l'instant, nous en sommes à patauger en soulevant les pieds le plus haut possible pour qu'ils ne s'enfoncent pas trop profond. En bref, nous sommes dans la discussion.

– Si je peux vous donner un conseil, ne trainez pas trop. En réalité, ne trainez pas du tout, car les gangs restants se regroupent pour faire front. N'oubliez pas qu'ils sont petits en nombre, mais extrêmement puissants et, le plus souvent, soutenus par les gouvernements qui sont censés les combattre.

– Oui, nous connaissons les méthodes et les risques. Dans le même ordre d'idée, que pensez-vous des fonctionnaires qui, par facilité, pensent qu'il n'est pas mauvais de se servir d'eux ?

– Que vous avez répondu en posant la question. Facilité et penser se servir d'eux... principe de manipulation bon marché... ou bien, ils obéissent bêtement aux ordres sans se poser de questions. Dans ce cas, nous retombons sur l'expérience de Milgram, la perte de la notion de responsabilité et, une fois de plus, la passivité du sujet agentique est criminelle.

– Tiens, ces mots me rappellent quelque chose ! Concrètement, vous me dites que la meilleure défense c'est l'attaque, et qu'il faut qu'elle soit rapide et convaincante.

– C'est ce que j'en conclus... une dernière chose, il y a une forte malchance pour que l'on me demande de tenter de stopper ce qui sera considéré comme des crimes, tant de la part des gangs que du ClubD7.

– Je n'en serai pas surpris. Cela suivra un des principes non logiques de la justice, surtout lorsqu'il n'y a plus d'organisation capable de l'imposer. Mais dans ce cas, que va faire le commissaire Fontaine, agir en sujet agentique ?

– Merci de me rappeler que dans l'administration on doit fermer sa gueule et obéir.

– Désolé ! Dans tous les cas, il serait dommage de ne pas laisser le choix aux tueurs en chasse des gangs, car s'ils doivent tuer ou mourir, ils n'hésiteront pas... et vous non plus d'ailleurs. En bref, c'est le principe de la guerre qui s'imposera. Sans commentaire ! »

John envoya sa proposition avec la mention : « Mes relations affirment que les gangs regroupent leurs forces pour nous attaquer, mise en œuvre immédiate de la procédure d'attaque préventive. »

Le retour fut quasi immédiat par le biais d'une réunion vidéo sans délai.

« Vous avez été plusieurs à transmettre la même information sur le regroupement des gangs dans le but de nous anéantir le plus rapidement possible. Acceptez-vous que notre attaque soit immédiate ? »

Toutes les mains se levèrent dans un ensemble parfait.

« L'opération est officiellement lancée. »

Dans les secondes qui suivirent, Lyudmila reçut l'ordre d'exécution avec mise en œuvre la plus rapide possible. En moins d'une heure, tous les tueurs connaissaient la cible qu'ils devaient éliminer et étaient en route vers leur destinée.

En tant que numéro un, Marcus n'était pas surpris de devoir éliminer la tête et les deuxièmes couteaux de la Bratva. Pour réaliser cette mission à haut risque, un deuxième tueur lui était affecté, à lui de le choisir. Sans hésiter, il jeta son dévolu sur le numéro cinq. Ils avaient déjà travaillé ensemble et avaient constaté qu'ils s'accordaient plutôt bien. Ce qui n'était pas toujours simple, surtout lorsqu'un des deux, en l'occurrence Marcus, était paré d'une imagination instinctive qu'aucun de ses confrères et consœurs n'égalait.

Être un assassin professionnel, c'est accepter de vivre et de mourir par le feu. Ils savaient que certains d'entre eux ne rentreraient pas, mais c'était la règle et personne ne pouvait la changer.

Marcus avait opté pour éliminer d'abord les lieutenants du chef. Pas parce que les gestes étaient plus faciles à réaliser, mais pour faire monter la pression. La dernière tentative avait donné au boss de la confiance à revendre. Il se sentait fort, et certainement plus fort que tous ceux qui avaient tenté de lui faire la peau depuis qu'il est le chef de la Bratva.

L'idée de Marcus n'était pas de supprimer ses lieutenants les uns après les autres, mais de le faire deux par deux. Il choisit les deux premiers parce qu'ils pouvaient les envoyer ad patres de la même manière : par tir à moyenne distance.

Les deux tueurs positionnés à 300 mètres de leur cible étaient en liaison radio. Elle n'était pas là pour blablater ou aider, mais pour synchroniser les tirs. En effet, les cibles pouvaient avoir elles aussi des oreillettes qui les maintenaient en relation les unes avec les autres. Ils étaient installés dans les locaux les mieux placés pour réaliser leur tir. Pour l'un, c'était un bureau d'assurance, et pour l'autre, un appartement de retraités. « *Pourquoi la Bratva avait-elle choisi de déménager une partie de ses locaux en Autriche, dans et autour de Vienne ? Aucune idée ! Les tirs sont prévus à 20 h 30, pendant les repas. Le bureau sera libre, mais concernant l'appartement, il va falloir kidnapper le couple, les attacher et les bâillonner, puis leur donner une dose de gros dodo efficace pendant une heure minimum* ».

Confortablement installés, ils décidèrent de les laisser entrer dans le repas. Après quelques bouchées, la concentration sur le monde extérieur faiblit. Pour l'un, ce sera avec l'avaloir plein de spaghettis, et pour l'autre, le nez plongé dans une choucroute digne de ce nom.

LE LIBRE-ARBITRE

Marcus fit le décompte : « *trois, deux, un, zéro...* » les balles quittèrent les canons des fusils, tournèrent sur elles-mêmes pour donner de la pénétration et perdre de la sensibilité au vent, puis elles pénétrèrent les corps. Pour le mangeur de spaghettis, la balle s'invita en plein œil. La tête bascula violemment en arrière, mais la chaise ne suivit pas le mouvement. Il resta ainsi, la tête renversée et le visage maculé de filets de pâtes à la sauce tomate. Pour honorer sa choucroute, le deuxième reçut la balle en plein cœur. Sous l'impact, le corps fut d'abord rejeté en arrière, la chaise suivit le mouvement, mais elle ne se renversa pas. Elle resta en équilibre une fraction de seconde et décida de reprendre sa position initiale, ce qui fit basculer le corps en avant, aussi, la tête se dit que, finalement, rien ne valait cette choucroute et elle se planta dans l'assiette.

Contents de leur performance, ils se rendirent sur les deuxièmes points d'élimination du tandem suivant. Une demi-heure de route. Dans ce laps de temps, Marcus se dit que les autres lieutenants allaient recevoir les infos sur les dangers à manger sans précautions, et cela allait leur laisser tout le temps pour se préparer à les accueillir. En conséquence, une multitude de véhicules allaient sillonner les villes à la recherche des points idéaux de visées. Dans le même temps, les cibles potentielles allaient s'enfermer dans des locaux sans fenêtre et la garde allait être doublée, voire triplée. « *Agitez-vous, gigotez tant et plus, cela vous donnera la sensation d'être en bonne sécurité. Peut-être même penserez-vous que ce soir, personne ne pourra vous atteindre. Seulement voilà, ce ne sont pas des tirs de projectiles en métal qui vont vous ôter la vie, mais les véhicules bourrés d'explosifs qui sont garés bien sagement dans les parkings situés juste en dessous de vos résidences* ».

Les tueurs s'approchèrent à quelques kilomètres de leurs cibles, mais uniquement pour vérifier que tout fonctionnait bien, ce qui leur permettrait de sortir du chapeau le plan B si un problème pointait le bout de son nez. Là encore, Marcus fit le décompte, et à zéro, les résidences explosèrent. Concernant ces deux-là, la seule difficulté fut de remplacer les véhicules par des engins sensiblement identiques. La maintenance oblige leur immobilisation, même pour une courte durée. Aussi, personne ne fut surpris par la nécessité d'une révision de ces voitures blindées aux moteurs surboostés.

Le boss ne pouvait pas ne pas se rendre compte qu'avec le temps, les méthodes évoluaient et qu'après les explosions, il était possible que ce soit par les airs que sa vie soit réduite à néant. D'après les drones, il n'avait toujours pas quitté sa forteresse. Voudrait-il s'échapper en volant, les petits avions sans pilote que les deux professionnels pouvaient télécommander le prendraient pour cible et leur missile abattrait un hélico ou un jet privé de la même manière. Ils commencèrent par la base logique, un bombardement. Positionnés chacun à 180° de la forteresse, ils allaient d'abord user de mortiers, très sophistiqués. Une fois les coordonnées du point d'impact entrées en mémoire, l'orientation du fut se faisait automatiquement, et ce avant chaque tir. En trois minutes, toutes les personnes présentes dans le blockhaus penseront que leur dernière heure est arrivée.

Les obus tombaient du ciel comme s'il en pleuvait ! Inutile d'en garder en réserve pour le cas où, le stock épuisé, ce furent les drones qui prirent le relais. Les missiles frappaient la forteresse sur les côtés, afin de bien pénétrer le bâtiment. Là encore, ils ne firent pas dans dentelle. Les prisonniers de ce déluge n'avaient pas la possibilité de riposter. Maintenant, ils allaient user de leur dernière carte. Ils s'approchèrent à 50 mètres et tirèrent des charges de gaz empruntées à la lutte contre l'incendie des datacenters. L'effet était simple et efficace, ils allaient remplacer l'oxygène encore présent dans le bâtiment par du FM200. Ensuite, équipés de bouteilles d'air autonome, ils vérifieront que leur hôte aura bien entamé la discussion avec Hadès.
Silence de mort dans les gravats de la forteresse. Marcus ne pensait pas qu'un nombre aussi important de gardes pouvait agir dans le

même espace. Ils progressaient. Avec l'ARI sur le dos et la respiration sous contrainte de masque, les efforts étaient plus gourmands en énergie. Ils approchèrent de la dernière pièce de survie. Il semblait qu'elle n'avait pas pu être utilisée... la porte était entrouverte, et un corps se trouvait couché en travers. Ils le retournèrent avec toutes les précautions d'usage, il aurait très bien pu leur laisser un petit cadeau genre grenade, histoire de mettre encore un peu d'ambiance dans cette ruine. C'était bien lui et le rictus de son visage indiquait bien qu'il venait de consommer le dernier atome d'oxygène avant de s'écrouler. Opération terminée avec succès.

En 72 heures, les deux tiers des gangs et autres clans mafieux perdirent leur cerveau, leurs seconds et leurs lieutenants. Côté tueurs au service du ClubD7, vingt-trois d'entre eux restèrent sur le terrain.

Parmi les formations encore en place et potentiellement dangereuses pour le Club, il restait la Tête du Dragon de la Triade chinoise et les Japonais. En effet, même si la structuration major des Nippons avait été décimée, dans l'heure qui suivit, l'ensemble de ses activités avec les personnels existants fut transféré au profit d'une organisation moins ramifiée. Elle était tout aussi bien organisée, et nul ne doute qu'elle ambitionnait de s'étendre rapidement pour égaler, et peut-être dépasser, son ancienne maitresse.

Les douze premiers tueurs furent divisés en deux groupes avec à leur tête Marcus et n° 2. Deux opérations très délicates pour lesquelles le potentiel risque de ne pas en revenir était estimé à 50 %. En effet, pour ces deux-là, impossible d'envisager de les travailler à distance ou d'utiliser des mortiers ou des drones. Il allait falloir peaufiner les combats de rue, et plus encore ceux qui allaient se dérouler dans des bâtiments hors normes.

Marcus avait décidé de privilégier l'utilisation de lance-grenades à six coups. Dans ce genre de combat, les PM et armes de poings entraient en scène lorsque les guerriers ne pouvaient plus ajuster leurs tirs. Dans le même ordre d'idée, il fallait accepter que l'ennemi utilise des arguments identiques aux leurs, aussi, ils allaient adapter leur protection individuelle en employant celle des démineurs. Cela entravera leur liberté de mouvements, mais ils seront suffisamment nombreux pour dissocier les « artilleurs de proximité » des « guerriers d'invasion ».

En Chine, rien n'était facile, mais tout était réalisable. Bien sûr, impossible de faire entrer rapidement des armes, en revanche, il n'était pas très compliqué d'en acquérir sur place. C'est un peu normal, la Chine en est le deuxième fabricant au monde. Le plus amusant était d'en acheter au marché noir et, pour être plus précis, aux gangs mafieux qu'ils devaient éliminer. En effet, rien n'empêchera jamais un Chinois de faire des affaires. En 48h, par l'intermédiaire de Chinois de souche, ils avaient pu obtenir tout ce dont ils avaient besoin pour leur opération et, après vérification de leur bon fonctionnement, le soir même, ils entraient en action.

Un déluge de sons et de sang. Les grenades furent glissées, tirées, projetées dans toutes les pièces et contre tous les obstacles courants. Pour ceux qui se voulaient être encore infranchissables, la « nitro » qu'ils avaient pu négocier à prix coutant, vu les quantités de grenades achetées, leur avait permis de les pulvériser. Les artilleurs progressaient bien et les guerriers qui suivaient réduisaient au silence tout ce qui bougeait encore, parfois même les morts « pour le cas où ! »

Quinze minutes, c'était le délai qu'ils s'étaient donné pour clore cette opération avant que les forces de l'ordre interviennent. Il faut dire que pour l'instant, une de leurs équipes les occupait en attaquant leur centre d'exploitation... beaucoup de bruits et de flammes : un vrai faux feu d'artifice chez les inventeurs du genre !

En dix minutes, ils étaient devant la pièce sécurisée. « *Il est amusant que toutes ces organisations protègent leurs dirigeants de la même manière et en utilisant des outils et matériaux identiques* ». L'équipier de Marcus, spécialiste du « rien ne m'empêchera jamais de faire un trou là où j'en ai envie », mesura précisément la longueur du local, et sans prendre le temps de se poser d'autres questions, il installa son paquet cadeau et conseilla à tous de reculer d'une bonne vingtaine de mètres. Il avait raison le troueur professionnel, même à cette distance ils avaient ressenti qu'un mètre de moins et ils seraient, eux aussi, partir visiter l'au-delà. Revenus sur place, ils constatèrent que non seulement le mur avait cédé, mais que l'onde de choc avait littéralement tout réduit en miettes à l'intérieur.

« Réverbération d'une onde qui ne peut pas s'enfuir, trop cons les concepteurs », dit Marcus en rigolant.

Leur cible était là... enfin, ce qu'il en restait. Vérification, photos, et même un doigt, car ils avaient en stock ses empreintes. Inutile de vous dire que lorsque le minuteur se mit à les alerter que les quinze minutes étaient passées, ils auraient tous pu distancer Usain Bolt, même Marcus !

De son côté, n° 2 n'avait pas eu la même chance. Il avait réalisé sa mission, mais avait fait ramener pour preuve les têtes de ses cibles, car ses blessures ne lui avaient pas permis de rentrer. Toutefois, quelques heures plus tard, il put jouir d'un repos éternel bien mérité.

Chapitre 18

« Mesdames et Messieurs, j'ai le plaisir de vous annoncer que l'opération "élimination des gangs" est terminée, et ce, pour une bonne dizaine d'années. Il nous faudra imposer aux agences gouvernementales d'empêcher qu'ils se restructurent, car même si elles pensent que leurs intérêts ne sont pas négligeables, cela ne doit pas être rendu possible. Nous avons aussi repéré quelques tentatives de recherche sur nos personnes, mais nous avons pu les réduire toutes au grand silence rapidement. Vous l'avez tous compris, nous pouvons maintenant lancer la phase 3 : "Mise en place des nouvelles gouvernances". Nous allons inciter chaque pays à mobiliser ses catégories socioprofessionnelles, à les organiser, et ce, selon le principe établi par le docteur John Delatour. L'objectif est qu'ils se soient architecturés sous trois ans, afin que les présidents existants cèdent la place et permettent aux nouvelles gouvernances de prendre leur envol. »

Voilà, ce qui pour John était initialement un exercice théorique un peu utopique est aujourd'hui en voie de se concrétiser. « Je me souviens avoir imaginé ce projet de gouvernance après avoir constaté que tant aux USA qu'en France, non seulement les personnalités politiques se moquaient ouvertement de leurs porteurs de bulletin de vote, mais que les peuples usaient et abusaient de leurs capacités à accepter les mensonges de leurs élus. Bien sûr, celles-ci variaient selon un grand nombre de critères, mais concrètement, le faux aux citoyens était considéré comme une nécessité d'état, donc une dissimulation utile de la vérité. Mais la pilule était trop grosse et trop amère pour pouvoir passer innocemment, sans qu'une contre-mesure s'impose un jour, et aujourd'hui, elle est là ! Les professionnels de la politique de gestion allaient devoir faire leur boulot, et pas plus ».

Maintenant que cette hypothèse devenait réalité, il ne fallait pas laisser cet enfant apprendre à nager seul dans sa baignoire, sans la présence de quelqu'un pour lui maintenir le menton hors de l'eau. Car penser que personne n'allait tenter de faire pression, de contourner, détourner, voire d'acheter les futurs représentants des citoyens, serait utopiste.

Aussi, les sept membres du club se répartirent la tâche et formèrent des commissaires de surveillance. Mais en quelques mois, ils constatèrent que pas un des pays n'en était doté du nombre suffisant.

Comme ils le pensaient, rapidement les remontées d'informations les alertèrent de tentatives de fraudes de toutes sortes. Ce furent d'abord les partis politiques qui essayèrent de revivre de leurs cendres. En usant de syndicalistes aguerris aux joutes oratoires, ils les firent démissionner de leur mandat afin d'être conformes au statut de potentiels représentants, et ceux-ci incitèrent, par de convaincantes paroles, les autres candidats à se rallier à cette majorité « naturelle ». Toutefois, lorsque la parole ne suffisait pas, le geste très incitatif venait l'accompagner pour qu'elle soit réellement persuasive. Dans d'autres cas, ce furent les gangs qui achetèrent les voix des électeurs avec quantité de matière produite par les autres catégories, surtout les métiers de bouche. Sans surprise, si des récalcitrants refusaient, c'était aux familles qu'ils s'en prenaient. Bien sûr, aucune organisation n'était plus désireuse de phagocyter cette nouvelle gouvernance en usant de paroles, de promesses et de sourires, que les gouvernements en place qui n'envisageaient pas de quitter leurs situations une fois que les citoyens représentants allaient exercer. Pour ce faire, ils utilisaient toutes sortes de genres, et surtout ceux laissés sur le bord des chemins... religieux, gangs locaux, sans oublier ceux qui sentaient qu'ils n'allaient pas avoir suffisamment d'élus pour pouvoir s'imposer.

Il fallait donc protéger les votants des cannibales, des menteurs professionnels, des truands, des faux-semblants et des politiciens adeptes des politiques politiciennes. Bien sûr, les commissaires jouèrent le rôle de francs arbitres (arbitres non influençables), mais face aux gangs et autres dénués de toutes considérations honorables, il fallut encore user de la force. Lyudmila devait d'abord rappeler qu'ici-bas rien n'est gratuit et, si le message ne passait pas, elle discutait physiquement avec les récalcitrants. Bien sûr, en cas de danger de mort, il fallait éliminer les assassins avant qu'ils opèrent.

Contrairement à ce que John craignait, le nombre de cas extrêmes fut très en deçà de leurs estimations. En effet, dès que l'échange devenait virulent, la volonté de nuire se souvenait qu'il n'y avait pas si longtemps que ça, les morts encombraient les rues et que les politiciens véreux n'étaient plus de ce monde. Leur mémoire se souvenait aussi que c'était le pouvoir des gangs qui avaient été réduits à peau de chagrin en un temps record. D'ailleurs, ils pouvaient constater que leurs nouveaux dirigeants n'avaient pas les mêmes objectifs que les précédents.

Il ne fallut pas trois, mais cinq ans pour que les représentants des catégories sociaux-professionnels puissent être représentés sur tous les continents. Pourquoi un temps si long ? À cause de la définition du nombre de représentants par catégorie. Celles déjà structurées voulaient imposer une majorité qu'elles jugeaient légitime, d'autres voulaient que ce soit le nombre de citoyens par catégorie qui définissent le nombre de représentants, d'autres encore ne juraient que par l'importance de la qualification, par leur nécessité pour que l'humain survive, et cetera, et cetera. Mais une fois en place, les représentants firent preuve d'une grande, d'une immense capacité d'investissement pour faire bien et durable. « Et croyez-le parce que vrai, étonnamment vrai, mais une grande partie des politiciens trouvèrent naturellement leur place dans une organisation où la technique de gestion à plusieurs niveaux nécessitait des compétences particulières et reconnues ».

Aujourd'hui, Lyudmila et Marcus sont assis à la terrasse du café de la place. Malgré ses efforts, le soleil du matin n'arrive pas à traverser les feuilles de la vigne vierge. D'ici une heure, la température sera estivale et les touristes en chapeaux, casquettes et bandanas déambuleront, à la recherche du souvenir qui viendra rejoindre les autres dans la vitrine ou sur les étagères. Leur présence fera qu'ils se rappelleront être passés par là.

Ils ne se lâchent pas des yeux. Bien qu'ils n'arborent pas naturellement un sourire avenant, leurs visages sont décontractés et l'amorce du plaisir affiché qu'ils ressentent chez l'être aimé les rend heureux. Contrairement aux autres, ils n'éprouvent pas le besoin de brûler leur passion par des unions charnelles répétées. Tels qu'ils sont, ils se sentent bien. Ils apprécient ce détachement, cette liberté dénuée de toutes ses peurs et des besoins attachés à l'amour compétition, car chez ces combattants-là, il faut que chaque acte sexuel soit plus fort que le précédent. Que la synchronisation soit parfaite, que par cet exploit leur amour soit plus puissant, qu'ils aient encore plus envie, qu'ils le montrent au reste du monde et que celui-ci les jalouse, voire en prenne ombrage... Et si par hasard, hasard qui malheureusement toujours s'impose, un petit quelque chose fait qu'ils n'atteignent pas la perfection ou n'y restent pas ad vitam aeternam, ils s'imposeront de faire ou de ne pas faire... que leur nourriture n'est pas ou est trop... qu'il y a nécessairement quelque chose qui cloche, que c'est un signal d'alarme, que peut-être...

LE LIBRE-ARBITRE

Mais pour Lyudmila et Marcus rien de tout ça ne peut exister. Ils sont comblés ainsi, sans contact, et ils ne voient pas ni ne conçoivent le besoin de changer quoi que ce soit à ce qu'ils vivent.

Ils sont toujours au service du ClubD7, mais le nombre d'exécutions est maintenant beaucoup plus faible qu'avant. D'ailleurs, en attendant de prendre une retraite bien méritée, ils sont les derniers à officier encore.

L'ex-capitaine Grégoire de Gasc, nouvellement promu commandant, rit aux éclats en voyant son oncle Julien faire l'andouille. Il ne se souvient pas depuis quand il ne s'était pas senti aussi détendu. Pas de mort à donner ni de VIP à protéger, de vraies vacances. Il sait bien que cela ne durera pas, mais justement, il commence à se demander s'il ne serait pas temps de prendre sa retraite de combattant. Dans ce métier-là, trop rester équivaut souvent à partir prématurément et définitivement. Et puis, son oncle semble avoir tué ses vieux démons. Il lui a même laissé sous-entendre que ce serait bien que quelqu'un de la famille prenne le domaine en main. Bon, tout cela est bien beau, mais Julien est et sera toujours Julien... et que celui ou celle qui a pensé le faire gonfler à en crever, ait toujours présent à l'esprit qu'il le ou la cherche, et qu'avec certitude il la ou le trouvera.

Toujours chez Interpol, le commissaire Fontaine tente, jour après jour, de faire valoir le besoin de dissocier le bien du mal... et plus encore dans les actions réalisées par leurs propres services d'intervention, lorsque la nécessité d'éliminer l'inconditionnel mauvais se doit d'être la loi, même si elle n'est pas écrite.

Pour Anna et Gérald, les choses ont été beaucoup moins compliquées. Il ne leur fallut qu'une minute... non, quelques secondes suffirent pour se décider à s'installer dans la région. En effet, leurs compétences maintenant reconnues par le Haras National de Pompadour, celui-ci leur proposa d'intervenir régulièrement d'une manière préventive et ponctuellement curative, lorsqu'un problème sérieux se présentait. Personne ne peut laisser passer une telle occasion...

Une bonne partie des croyants en un dieu a finalement accepté de ne plus vivre dans l'illusion, dans l'imaginaire, et de ne plus s'imposer de supposition non vérifiable. Toutefois, comme l'humain a besoin de s'investir dans une œuvre qui lui fera ressentir le plaisir d'avoir participé, voire réalisé lui-même, une action louable. C'est notre environnement qui en a bénéficié... et en conséquence, la nature et nos descendants.

John observait avec plaisir les catégories s'organiser et se structurer. Pour certaines, la chose était naturelle, car déjà existante dans la vie de tous les jours. Pour autant, est-ce que leurs élus étaient réellement représentatifs du genre ? Peut-être pas, car il remarqua que souvent l'habitude prenait le pas sur la réflexion.

C'est en faisant ce constat qu'il douta. Qu'il se remit à nouveau en cause et qu'il pesta de ne pas l'avoir fait plus tôt. Aussi, il se fit aider par le docteur Martin, son collègue-psy français. Introspection, analyses... tout y passa, mais rien n'en sortit. Il sentait que quelque chose clochait ou peut-être manquait, mais quoi ?

Ce fut quelques jours plus tard, alors qu'il arpentait le bitume à pied, qu'après quelques kilomètres il se dit que, finalement, son travail sur le libre-arbitre lui avait apporté beaucoup. Mais surtout, qu'il l'avait éclairé sur des sujets qui, avant cette analyse, lui semblaient évidents alors qu'en réalité ils ne l'étaient absolument pas. C'est à ce moment-là que la fameuse évidence lui sauta au visage, et qu'il se mit à se traiter de tous les noms que l'on jette en l'air à destination de qui veut les entendre. Après ce déballage, qui eut comme conséquence d'apaiser la colère qui montait en lui, mais qui surprit les passants, John accepta enfin de reconnaitre qu'il n'avait peut-être pas traité en priorité le bon sujet. Qu'il eût été peut-être plus logique de traiter en profondeur la notion d'intelligence afin qu'elle joue le rôle de levier et permette d'analyser, avec plus de pertinence, toutes les autres questions que nous qualifions d'existentielles.

L'auteur

Régis VOLLE

Adresse mail : volle.regis@orange.fr

En résumé, qui suis-je ?
Avant, la technique occupait pleinement mes longues journées. Écrire était un luxe qui m'était interdit... non, en vérité : que je m'interdisais ! Pourtant, l'écriture me hantait, m'obsédait, me pourchassait.

Aujourd'hui, je peux enfin vivre ma passion, et pas une de mes secondes n'échappe à ce besoin. Toutefois, lorsque je sors de mon cocon, surpris qu'il existe un monde extérieur, j'éprouve un réel plaisir à le partager avec vous !

Ma bibliographie

Romans :
« **Le Dernier Combat de l'Homme** », saga de type *roman d'aventure* en 4 tomes.

*Tome 1 : « **Les rencontres** » première parution en décembre 2016 aux Éditions Beaurepaire ; réédition avec 7écrit Éditions, parution décembre 2017.

*Tome 2 : « **La Mygale** » parution janvier 2018, avec 7écrit Éditions.

*Tome 3 : « **Sébastien Cho** » parution mars 2018, avec Sydney Laurent Éditions.

*Tome 4 : « **Le Temps** » parution juillet 2018, avec Sydney Laurent Éditions.

« **Pourquoi la conquête de la Lune ?** », *roman sur fond historique.* Parution en novembre 2021 avec Sydney Laurent.
Était-ce pour seulement affirmer un besoin de suprématie technologique ou pour en satisfaire un autre, une évidente nécessité jamais avouée ? Seuls Marylin Monroe et JFK sont capables de répondre à cette question.

« **L'histoire des mondes** », *science-fiction.* Parution en juillet 2021 avec NomBre7 éditions.
Mondes parallèles, mondes gigognes... même les trous noirs ne sont pas ce que l'on croit.

« **Le libre-arbitre** » : Autoédition 2024. Version romancée de l'essai du même titre.

Pamphlet :
« **Clarifications et autocritiques humaines** ». Parution novembre 2017, avec 7écrit Éditions.
Je me retourne sur le chemin parcouru, et critique ce que j'y vois. Mais la critique sans propositions salvatrices n'a aucune valeur. Aussi, je vous invite à construire, ensemble, le futur de nos descendants.

Poèmes :
« **Ressentis** », *poèmes en prose, nouvelles et citations.* Parution novembre 2017, avec 7écrit Éditions.

Collection « GRIMOIRES et MANUSCRITS » :
« **Légendes du Dauphiné et des Pays de Savoie** ». Autoédition 2022.
« **Contes et Légendes d'Ardèche** ». Autoédition 2022.

« Ardèche – Sombres histoires dont personne ne parle ». Autoédition 2023.
« Nouvelles Fables ». Autoédition 2023.
« Mathieu Versant, la puissance des contreforts des Cévennes – Isabelle et Michel, tranche de vie dans les Gorges de L'Ardèche ». Autoédition 2024.

Biographies :
Plusieurs de réalisés, mais vous n'aurez pas accès à ces informations… et inutile d'insister, car malheureusement pour vous, je tiens toujours mes promesses !

PROCHAINEMENT :

Collection « Questions existentielles » :
Essais :
« Le libre-arbitre ». Voilà un sujet qui, depuis des temps immémoriaux, perturbe et questionne l'être humain !
« L'intelligence, la conscience ». En cours d'écriture…

Collection « GRIMOIRES et MANUSCRITS » :
« Légendes rurales d'Auvergne – Tome 1 ». Prévision d'autoédition en 2025.
« Légendes rurales d'Auvergne – Tome 2 ». Prévision d'autoédition en 2025.
« Nouvelles Fables – Tome 2 ». En cours d'écriture…

Poèmes :
« Regard sur les choses de la vie »
« Questions, réponses… est-ce sérieux !